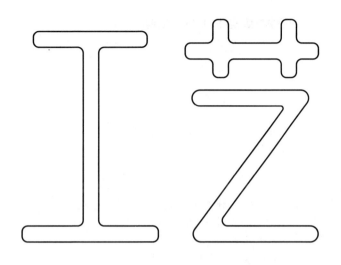

工艺

三百年老店的
绝地反弹之道

[日] 中川政七 著

南浩洁 译

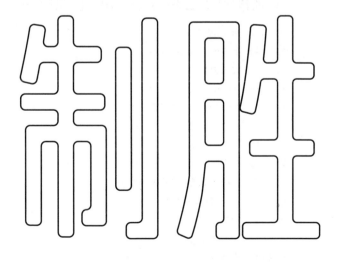

制胜

中国出版集团 东方出版中心

图书在版编目（CIP）数据

工艺制胜：三百年老店的绝地反弹之道 / (日) 中
川政七著；南浩洁译. —上海：东方出版中心, 2019.10
（琢磨文库）
ISBN 978-7-5473-1522-4

Ⅰ.①工… Ⅱ.①中… ②南… Ⅲ.①商店—商业经
营—经验—日本 Ⅳ.①F733.13

中国版本图书馆CIP数据核字(2019)第194867号

上海市版权局著作权合同登记： 图字 09-2019-590

工艺制胜：三百年老店的绝地反弹之道

出版发行：东方出版中心

地　　址：上海市仙霞路 345 号

电　　话：021-62417400

邮政编码：200336

印　　刷：昆山市亭林印刷有限责任公司

开　　本：890 mm×1240 mm　1/32

字　　数：148 千字

印　　张：7.5

版　　次：2019 年 10 月第 1 版第 1 次印刷

I S B N：978-7-5473-1522-4

定　　价：39.50 元

前　言

2016 年是中川政七商店创业 300 周年。

在开展各项 300 周年纪念策划期间，我承蒙松冈正刚先生（编辑工学研究所所长）赐言。他说："历史是为了向未来前进的一面后视镜。"

过去既无经营方针又无家训的我们，于 2007 年高举起了"振兴传统工艺"这面大旗，开启了为工艺厂商提供咨询服务，以帮助其起死回生的各种新的尝试。

不过，从现在这一时间节点来看，这些新的尝试也已成为"过去（历史）"了。在历经 300 年，展望下一个 100 年的当下，我深深感到，回首历史对于开创未来，是多么重要，由此决定写下这本书。

我于 2002 年辞去了此前在富士通的工作，"改行"回来继承家业。历经了波涛汹涌的 15 年，才有了今天的中川政七商店。但是，在 300 年的漫长历史中，这 15 年还不足其二十分之一。

为了撰写这本书，我还重新翻阅了过去 15 年间写下的日记和笔记。回首往昔，我再度发现，尽管只是短暂的 15 年，但在这 15 年里，最初的设想历经了一波又一波的挫折而不断改变，终于变得像模像样了。

另外，放到更长的时间轴上去看，我所着手的工艺振兴这项事业，同为了传承奈良晒而尽心竭力的第十代政七，其实是不谋而合的。

我的性情，本就喜欢无拘无束，轻松自在。因此，我一直以来也不会循规蹈矩地开展工作。坦白说来，我几乎不曾认为所谓"300年""老字号"，有多么沉重。

但是此次，我听说1749年（宽延二年）供献自中川政七商店前人的石灯笼，现在依然伫立在春日大社的参道①旁，尤其在亲眼看见后，我再次感到，那些流逝的时光是真实存在过的。历史与未来是紧密相连的。

在本书中，我将为大家讲述中川政七商店在过去300年间的故事，并展望未来的100年。当然，书中也会囊括许多可供大家广泛借鉴的丰富内容。譬如，如何办好一家"家族企业"或是"位于小城市的中小企业"，还会谈到"发展愿景""商业模式"等。

日本有着许多长寿企业，这在全世界范围内，都实属罕见。当然，当下的所有长寿企业理应也都经历过创业的头一年。而今后应运而生的各大企业，百年后也将化身老字号。存活下去，是企业的一大重任。希望本书能为各位明日之星带去些许灵感和启示。

---

① 参道：日本神社中用于行人参拜观光的道路。

目录

序

不料半途搁浅的上市之旅

那天一早，我就绷紧了心弦。这是因为，我必须出发前往野村证券，向各位相关人士致歉。关于面谈的主旨，虽然此前我已事先通过电话的形式，进行了大致的说明，但在当时的情境下，我还必须亲自到场，向大家宣布：

"我们决定中止上市申请计划了。"

坚定了这一念头，并用口头的形式表达出来，我的心情竟比自己想象的还要平静。我也借此机会，终于得以向大家阐明在（眼看就可以向交易所提交申请的）这一节骨眼上选择中止计划的原因，并衷心地感谢大家过去所给予我们的支持和指导。

两年多来，我们委托野村证券作为主干事，并同负责财务审计的监察法人等松会计事务所（德勤日本）携手，努力开展面向公开募股的筹备工作。在这一过程中，我们需要制定大量的文件、大力整顿公司内部的管理体制等。不论是对于公司，还是对于我自身而言，许多工作都是第一次尝试。名副其实地说，一路走来，必须感谢这两家公司手把手的大力支持。

我们当然也支付了相应的报酬，但尽管如此，不论是证券公司一方，还是监察法人一方，由于大家都是抱着未来能够长期合作的期待来开展工作的，因此，中止上市计划，无疑在大家的意料之外。我也亲眼看到了一手组建起的项目团队中，一同积极开展筹备工作的成员们不免失落的神情。

即便如此，当时，我依然认为，倘若顺水推舟、成功上市，最后自己也一定会后悔的。说来大家可能不太相信，我这个人的第六感很强。一旦绞尽脑汁后，已经做出决定，我便不会再为之烦恼，我想这也是自己作为一名经营者的一项优点吧。因此，这一次，我也选择相信自己的判断。

从结果来看，我当时的担忧，或许不过是杞人忧天了。我不确定大家实际是怎样想的，但当时野村证券以及等松的负责人，看起来都没有太过灰心丧气，而只是给了我一个颇为爽朗的答复："虽然在这个节骨眼上中止上市计划前所未闻，但我们也理解您的想法。这次比较遗憾，希望今后还有机会能够合作。"字里行间，我感受到了这样一种工作态度——比起拘泥于已经搁浅的项目，不如将身心投入到下一个项目中去。

由此，在 2016 年 2 月，我有些任性地，也是正式地做出了中止上市申请计划的决定。倘若要解释其背后的缘由，一言以蔽之，是因为我看到了当时行业风向的变化。

在更早的时候，我之所以会产生申请上市的念头，这是因为当时自己希望中川政七商店能够成为日本工艺界的最亮的那颗星。此前，我们中川政七商店就在开展各种各样的尝试，希望通过为企业提供咨询服务、开设直营店、举办展会等形式，推动商品流通的发展。借此，在日本的各个工艺产地，发展富有活力的工艺厂商，使他们也能在当地成为名列前茅的企业。我们必须要照亮一条大家前进的道路。而募股上市，理应能够成为最为简明易懂并具有实效的方式之一。

人们往往以为，工艺这一行难以盈利，是不符合时代潮流的。但我认为，只要走对路子，我们依然能够将公司做大做强，并赢得社会的认可。投资家们看到有发展前景的公司，便会购买它们的股票，而这一位位股东，也会对中川政七商店以及工艺的发展怀抱期待——我曾希望通过上市，来展现这一点。

另一方面，我也从一开始就认识到了，伴随上市可能出现的不利因素。上市后，我们就必须要遵守证券交易所的规定，确保普通股东不会提出异议。而这样的经营模式，将会大大延缓决策的速度，并大大限制决策的自由程度，这是难以规避的两大问题。此外，业务量和管理成本也会大幅增加。话虽如此，在筹备申请上市的当时，利还是显然大于弊的。

然而在那之后，大环境发生了变化。在 2015 年 10 月左右，我们荣获了"波特奖"①。这一奖项是为了表彰那些通过高超战

① 波特奖：为感谢哈佛大学的迈克尔·波特（Michael Porter）教授并传播其竞争战略理论而创立于 2001 年的一大奖项，颁发给通过创新实现高收益的企业，由日本一桥大学大学院国际企业战略研究科运营。

略，取得高收益成果的企业。从那以后，我们中川政七商店以及作为社长的我本人，便开始频繁地收到经济类电视节目以及商业杂志的采访邀约。

此前，中川政七商店的受众，主要是那些对工艺和设计感兴趣的群体。而在商务界，更加直白地说，在商务人士以及作为其后备军的学生群体之间，我们的知名度依然不太理想。因此，我们也常常在招募员工时吃尽苦头。

而以荣获波特奖、得到大量商务类媒体曝光为契机，基于传统工艺的自有品牌专业零售商（Speciality Store Retailer of Private Label Apparel，SPA）这一独特的商业模式，我们也逐渐赢得了大家许多正面的评价。人们开始更多地关注到中川政七商店以及工艺本身，我们也慢慢地看到了除上市以外，能够让我们发光发亮的新的途径。在这一背景下，在招募那些我们迫切希望与之共事的人才时，我们的选择也急剧增多了。这是我选择中止上市申请计划的一大原因。

另一个原因是，一旦我们上市，面向社会公开募股，那么我们就必须要开展"普通的经营"。这一担忧与日俱增，缠绕在了我的心头。我接手家业后的十五年间，中川政七商店所开展的事业，近乎全部都起源于我的"灵机一动"。当然我也会听取不同人们的意见，也会开展调查，但最后还是要靠自己来判断。倘若大家要问我，我的判断基准是什么，我只能摊手告诉大家，最后还是取决于我的"第六感"。

与此相对，如果必须要按照证券交易所的要求，去遵守重视决策过程的公司治理准则，那么，我们总归会"沦为"所谓"普通的经营"。我当然明白，社会上有许多企业，通过普通经营，创出了伟大的业绩，我也发自内心地为之惊叹。但是，仅仅通过普通的经营、普通的努力，想要实现我们中川政七商店当下描绘出的愿景——"振兴传统工艺"，终归是痴人说梦罢了。

比起能够招募到优秀人才的有利因素，不得已必须开展普通经营的不利因素要占据上风，这是我所作出的最终判断。而我的这一选择是否正确，在当下这一时间节点，还并没有答案。

但是，我认为总会有这样一个时刻，蓦然回首后，意识到"那是我们的一个岔路口"，这一时刻终究会到来的。而面向自己已经选择的道路，我们就必须勇往直前。我也相信这将指引我们走向中川政七商店心中的理想彼岸——"振兴传统工艺"。

经营企业的初心是什么

2003 年，在玉川高岛屋购物中心，"游中川"的门店正式开张了，这是我们当时唯一的一个自有品牌。在那前后，以租赁商铺的形式一同开店的，还有"天衣无缝"这一品牌。打理这一品牌的，是新藤公司。新藤的社长藤泽彻，曾在我们边吃午饭边互通信息时问我："你经营企业的初心是什么呢？"

我略作思考，便坦率地回答："不过是为了求胜罢了。"话音刚落，只见藤泽社长笑着说道："真像是这个时代的人呀。"

他一副心无波澜的样子。藤泽社长是有机棉花领域的一位先驱者，从年龄上来说，更是大我三十岁左右的前辈。他的目光里满是温柔，但或许在内心中，早就感到震惊了。尽管如此，想要在众多佼佼者中脱颖而出，在"经营公司"这场游戏中、在竞争中取胜，这的确是我当时的肺腑之言。

玉川高岛屋购物中心店是公司第一家开在购物中心的门店。在上一年，我们在伊势丹新宿总店（百货商场）开设了"游中川"的常设店铺。我是在2002年，辞去此前在富士通的工作，加入父亲经营的中川政七商店的。在这一年半的时间里，我逐渐感受到，以自己的方式开展的摸索尝试，已经开始略显成效了。

中川政七商店的业务分为两大支柱，分别为经营各类茶具的第一事业部——依然由当时身为社长的父亲来管理，以及经营麻料生活杂货的第二事业部——交由我来全权负责。如何才能进一步提升"游中川"的品牌价值呢？我满脑子想的都是这件事。在这一时期，我竟沉迷于管理中了，这是我自孩提时代起，前所未有的经历。

但是，另一方面，我也开始隐约觉察到了问题的所在——一味"求胜"的经营，还是有极限的。正因如此，我才会鲜明地记得十多年前，同藤泽社长的对话吧。自那以后，我也开始自问自答："自己经营企业的初心是什么？""中川政七商店为什么而存在？"公司的业绩越好，规模越大，我愈发领悟到"求索"的重要性。

转变思维，再次环顾四周，我发现工艺界所面临的大环境，其严峻程度只增不减。年关将近时，一定会有那么一两家客户来问候我们，告诉我们停业的消息："我们决定做到今年年底就不做了。"尽管大家并非一筹莫展，眼下已经无法经营下去，但大多客户都在为后继无人，又不想逼孩子接班而烦恼不已。即使技术水平和公司业绩犹在，没有发展的前景，也就难以为继了。当工艺品淡出大众的生活，市场不断萎缩，许多手工艺人和工艺产地也不得不面临同样的处境。

　　而在工艺界，哪怕只是一家两家选择停业，或是一两个手工艺人选择引退，都有可能招致无法挽回的严重后果。正如过去柳宗悦所说："去看看那些优秀的历史作品吧，哪一件不是在人们合作下才能完成的呢?"分工是工艺的基础。

　　譬如，在制作陶瓷器的过程中，一个窑内，就需要来自不同作坊，分别负责胚料制造、胚体成型、瓷器素烧①、画胚等不同工序的匠人。制作漆器的过程也是同理，需要有负责使用刨子和旋床来刨木头的师傅、负责贴布等打底工作的师傅、负责上漆的师傅、负责莳绘②和嵌金雕漆③等工艺装饰的师傅等多人的合作。

---

① 素烧：不挂釉低温烧制。
② 莳绘：泥金画，即用漆画好图后，再用金、银、锡等的颗粒及色粉涂在上面以形成图案。
③ 嵌金雕漆：日语中写作"沉金"，即先在漆器表面刻上花纹，涂上漆，再贴上金箔或粘上金粉，使花纹线条呈金线状。著名的有"轮岛涂"等。

环环相扣，缺一不可。否则，人们既无法生产出有田烧①、波佐见烧②、轮岛涂③等手工艺品，我们经营这些手工艺品的公司也不可能站得住脚。与这些手工艺品相关的生活的记忆，也将被封入尘埃之中。过去，它们曾经孕育出了丰富的感性。而当下，这些生活的记忆，无疑正面临着被封锁的危机。当我意识到这一点时，我发自内心地希望——振兴传统工艺！

倘若现在有人再次问我"经营公司的初心是什么"，我可以毫不犹豫地这样回答：我希望借助我们公司在打造自有品牌的过程中所积累的品牌管理的经验技术，以及以"大日本市"展览与直营店为中心的流通力量，为从事工艺行业的各大厂商及零售店铺提供支持，帮助工艺和产地重新焕发生机！中川政七商店正是为此而存在，而我也是为此在负责着公司的经营。

打造一个工艺大国

在 2007 年喊出"振兴传统工艺"这一口号后，我们也发起了各种各样的挑战。譬如，我们为许多公司提供了面向特定行业的咨询服务。由此，波佐见烧名店丸广（Maruhiro）以及庖丁工房（Tadahusa）等，率先走在了产地复兴的最前列。一路走来，我们已经打造出了各个产地的众多明星公司。

---

① 有田烧：产自佐贺县有田町及其周边地区的陶瓷器。
② 波佐见烧：产自长崎县东彼杵郡波佐见町附近的陶瓷器。
③ 轮岛涂：产自石川县轮岛市的漆器。

在"日本市策划"中，我们为工艺厂商同特产商店牵线，努力拓展特产市场作为工艺品生产链下游的潜力。现在我们还能看到，就在不久以前还是一片荒漠的这一市场上，已经陆陆续续地响起了竞争的号角。我们也自负地认为，这是我们为工艺行业打通筋脉的一大战果。

由此，日本工艺界又掀起了一波过去那般欣欣向荣的势头——要是我能这样引出下文，该有多好呢？可遗憾的是，现实情况总不遂人愿。光看法律上被指定为传统类型的工艺品，2003 年度的产额还有 2 000 亿日元，到了 2014 年度，工艺品的市场已经跌到了 1 000 亿日元。而这一数字，在 1983 年度还有 5 400 亿日元，20 年来却缩小到了不足原来的五分之一。现状是，我们付出的辛劳汗水，还不足以令这一势头停下脚步。市场衰退的速度太快了，我们实在有些力不从心。

话虽如此，但也并非完全没有景气好转的兆头。在这三四年里产额已经探底，20～40 岁年龄阶层从事工艺品行业的人数略有增多。尽管增势较缓，但想要进入这一领域，或是渴求购买工艺品的人们，都在给我们带来巨大的力量。我们相信传统工艺一定会越来越有活力，而为了实现这一目标，中川政七商店理应还肩负着许多使命。

工艺的衰退，不仅是日本的问题。德国的城市索林根（Solingen）从中世纪起，就以"刀城"闻名至今。而这座城市目前，正面临着严峻的老龄化问题。市内最年轻的匠人，也已经超过七十岁。产地本身都濒临消亡了。

中川政七商店的足迹

1716 年　初代中屋喜兵卫，经营奈良晒

1819 年　开启同越后屋吴服店（现三越百货）的业务往来

1898 年　成为宫内厅①指定御用商家

1925 年　参加巴黎万国博览会

1929 年　交纳缝制衣服用布于伊势神宫（另于 1942 年、1953 年交纳）

1939 年　成立合资公司中川政七商店

1979 年　奈良晒被批准列入奈良县的无形文化财产

1983 年　成立株式会社中川政七商店

1985 年　"游中川"总店开店

2001 年　"游中川"东京惠比寿店开店（2005 年停止营业）

2003 年　"游中川"玉川高岛屋 SC 店开店，公布新品牌"粹更 kisara"

2006 年　"粹更 kisara"表参道之丘店开店（2012 年停止营业）

2008 年　第十三代传人中川淳就任社长，"花布巾"荣获日本优良设计大奖（Good Design Award）②

2009 年　启动咨询顾问服务

2010 年　发布新品牌"中川政七商店"，公司迁址

2011 年　将公司所属展ս更名为"大日本市"

2013 年　"中川政七商店"东京总店开店、"仲间见世"③ 1 号店于太宰府开店

2015 年　荣获波特奖、成立东京事务所（分公司）

2016 年　创业 300 周年，于日本 5 座城市举办"大日本市博览会"，加盟艾诺金协会（Les Hénokiens）④，承袭家族第十三代中川政七名号、创办网络媒体"SUNCHI"（意为产地）

2017 年　成立日本工艺产地协会

---

① 宫内厅：日本内阁府的外设局之一，负责有关皇室方面的国家性事务与天皇的国事活动的官厅，1937 年缩编宫内省而设置宫内府，1949 年改称宫内厅。

② 日本优良设计大奖：由公益财团法人日本设计振兴会主办，每年颁发给优秀设计的一大奖项，为日本唯一的全面产品设计评估和表彰奖。获奖者有资格使用作为获奖凭证的"G Mark"。

③ 仲间见世：伴手礼品伙伴店铺。

④ 艾诺金协会（Les Hénokiens）：成立于 1981 年的国际组织协会，仅允许有 200 年以上家族经营历史的传统企业加盟，总部位于法国巴黎。

年轻人之所以不愿成为手工艺人，是因为他们无法看到行业发展的前景。世界各地都是如此，新兴国家大量生产出来的廉价替代品，正源源不断地夺走人们对手工艺品的需求，许多工艺品和产地都正"渐行渐远"。在这样一个优先性价比和商品功能性的时代，工艺发展举步维艰，这是各国都共同面临着的一个困境。

但是，转换视角，纵观现状，日本或许也面临着一种机遇。倘若100年后日本还有300个产地，那么日本将成为世界范围内极其稀有的一个国家。现在日本依然还有一些时间——虽然必须要争分夺秒地——去抓住那些即将消逝的技术和文化，为未来穿针引线。

日本曾经是一个创造大国，并以此赢得了世界人民的尊敬。而今后，能否将其打造成为一个工艺大国呢？我相信，这绝不是痴人说梦。

"滚石不生苔"

中川政七商店于1716年创立于奈良，在2016年迎来了创业300周年。笼统说来，我们虽然是以经营传统手工纺织的麻织品起家的，但回顾历史，我们依然能够窥见各个时代的当家们努力适应时代背景，不断发起新型挑战的身影。

其中，奈良晒以高超的漂白技法（放在阳光下晒白），不仅得到了人们的喜爱，更是成了德川幕府的指定御用品，从17世纪下半叶到 18 世纪上半叶达到全盛时期。第一代当家中屋喜兵卫创立中川政七商店，也恰好是在这一时期。

然而，随着后来近江①以及越后②等其他产地技术水平的不断提高，加上过去我们所在的奈良地区，又需要从遥远的东北及关东北部等地区，通过陆路运输的形式，采购作为原材料的苎麻，我们由此，便慢慢地在价格竞争中处于下风了。

此外，还有时代的"穷追猛打"。进入明治时代③以后，奈良晒不再被用作武士穿着的上下身礼服④了，而这原先是其主要用途之一。这，才是奈良晒日趋衰微的最致命的原因。即使是在这样艰难的时代，第九代当家政七依然坚守品质，并且开拓出了作为出浴时使用的汗衫⑤以及新生婴儿服等新的需求，我们甚至还成了宫内厅指定的御用商家。

第十代政七，引入了当时可谓划时代性的工厂生产制度以及工资提成制度。麻织，过去是农闲期间女性的工作，需要建立晒场和织场，在那里雇佣织工来工作。据说引进提成制度后，织工们便会竞相地比拼各自的产量，生产率和品质由此都得到了飞跃性的提升。

我祖父这一代，即第十一代巌吉，在日本经济高速发展的

① 近江：日本旧国名之一，相当于今滋贺县。
② 越后：日本旧国名之一，相当于现在除佐渡岛外的新潟县全境。
③ 明治时代：1868—1912 年。
④ 上下身礼服：肩衣和和服裙裤配套穿的服装，是江户时代武士的公服，庶民则曾将其作礼服穿用。
⑤ 汗衫：和服内衣的一种，为吸汗紧贴皮肤穿。

这一时期，眼看制造业陷入窘境，究竟是选择机械化大生产，还是选择将生产基地转移到海外呢？他在艰难的抉择下选择了后者，通过将生产基地转移到韩国，之后又转移到中国，终于守住了传统手工纺织的技法。

我父亲第十二代巖雄，以大家比较熟悉的茶巾为开端，将业务扩展到了与茶具相关的所有批发业。此外，为了能够让人们在日常生活中感受到麻料的妙处，成立品牌"游中川"，负责销售各种使用麻料的杂货和日式小物件，也是在父亲这一代。

这样看来，我们就能发现，几乎没有哪个时代是一帆风顺的。在时代的波涛中翻滚、扑腾，依然想方设法坚持经商，推动企业的发展——历代当家们的奋战着实让我心服口服。

而现在，接力棒交到了第十三代当家——我的手上。如何挺进下一个100年？又如何迎接我们的400周年？我绞尽脑汁得出的一个答案便是：

唯有"振兴传统工艺，打造一个工艺大国"。

这是中川政七商店，以及身为第十三代当家的我立下的"百年计划"。正如字面所述，在我看来，这是一项长达百年的工作。因此，能否在自己这一代，就实现我们的目标，我并没有答案。但即便如此，为了能够打下根基，帮助第十四代，或是第十五代当家抵达我们的目标，我也必须亲力亲为、全力以赴。

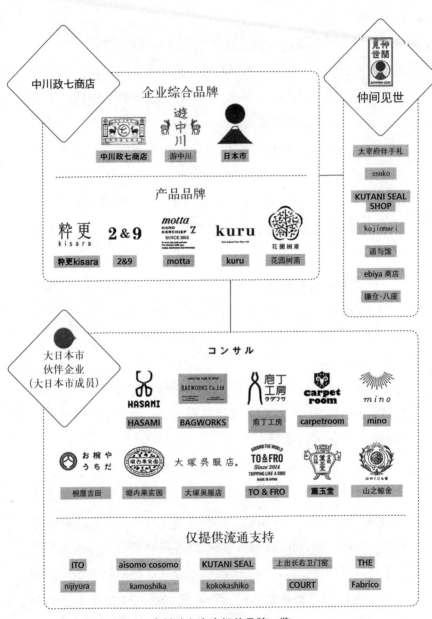

中川政七商店相关品牌一览

"贤明之士"时而也会告诫我："最好不要拘泥于工艺这样的夕阳产业，别打败仗"，但我丝毫不觉得自己在打一场败仗。所谓"滚石不生苔"，意即要散发思维、不畏变化、始终创新。长此以往，便一定会看到源源不断的生机。

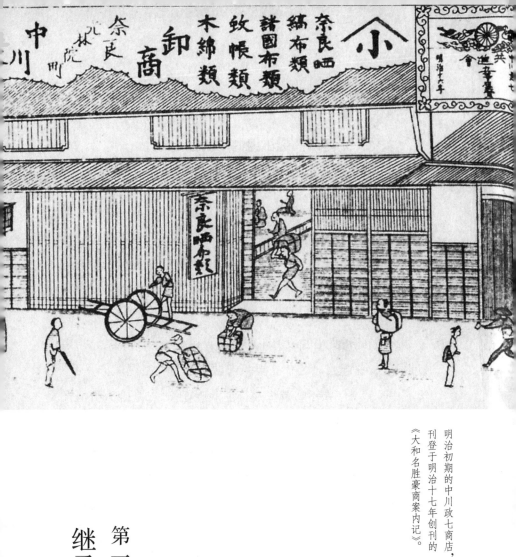

明治初期的中川政七商店，刊登于明治十七年创刊的《大和名胜豪商案内记》。

第一章

继承老字号

足球兴趣小组的"创业"史

我想我还是得承认，自己曾经是一个学习态度并不端正的学生。加上为了准备司法考试休了两年学，我一共在京都大学待了六年。不过，实际去上课的次数，满打满算也不超过二十次。我每每说起，京都大学以门槛高，但管得松出名（仅限于当时的说法，我不了解现在的情况）时，我的同学们听了也要嘘我。

虽说如此，我也并没有不顾功课，就一心认真准备、指望通过司考。说起当时为什么要报考法学部呢？一是父亲劝我，"学了法学就有了一手，就算改行也能胜任"。二是因为我擅长数学，而这门科目的分值比例比较高，考取这个专业有胜算。

我有一个从高中开始交好的朋友，只是因为他的爸爸当时是一名律师，我们就莫名地相约要一起备战司考。然而抱着这样的动机，根本不可能考过。完全啃不动功课的我，很快就放弃了。那么在这六年里，我究竟做了什么呢？这个问题问得我哑口无言。我既没有拼命地去打工，也并没有去挑战创业。我想我属于那种玩玩游戏、看看漫画，随处可见的那类学生。

回想起来，我在大学时代唯一花费心力的，是组建并运营了一支足球兴趣小组。从小学踢到中学、高中的球，到了大学也想继续玩下去——抱着这样的念头，我参观了好几个兴趣小组。然而，看到的往往是两个极端。不是纪律森严得堪比体育会（运动部），就是松松散散、主要组织喝酒聚会的，没有一处管理得恰到好处的地方。

练习强度大，倒是无所谓的。但是，或许是因为初高中都在自由的校风中度过，我实在无法忍受那些同足球不相干的、无道理可言的上下等级关系。虽说如此，比赛和练习时也要叫上女孩子的、吊儿郎当的氛围，也令人难以接受。因此，我决定募集伙伴，自己组建一个兴趣小组，喝酒联谊归喝酒联谊，去认真地享受踢球。

同我一拍即合的学生，似乎也不在少数。于是，小组里的人数猛增，实力也能达到平均水平，在校园里变得小有名气了。如何调动一支大部队，让大家一条心地凝聚起来，又能同时兼顾好学业成绩和兴趣爱好呢？思考这些内容，我觉得很有意思。现在想来，自己的管理理念或许正是萌发于这一段经历。

再补充几句，我们的兴趣小组起初发展势头很好，一度甚至能够同校园内有着悠久历史的知名小组相提并论，但在我毕业后的几年后解散了。具体是由于什么原因，我不知道，听说继我之后隔了几任的某个代表，瞎起哄推选了一名显然不合适的人选接任，这才惹了大祸。或许是我们兴趣小组独有的信条——去纯粹地享受踢球的乐趣——逐渐褪色了。学生时代的一段回忆，就这样一去不复返，这总让我觉得心里空空的。不过，要是自己倾注心血经营的公司倒闭了，心有多痛，大概就不是这个数量级了吧。

我从这段故事中，收获了两大教训。（1）对于自己喜欢的事，倘若不认真去做，既体会不到其中的乐趣，也不可能长久。（2）必须挑对接班人，切忌掉以轻心。为了不辜负中川政七商店历代当家们的期望，当下的我也必须认真地奔赴在经营的前线。

腿可折，演示报告翘不得

　　大学毕业后，我进了富士通。如果大家知道，我实际上曾经在索尼和富士通间犹豫不决，最后才选择的富士通，大家或许就能明白当时的我有多么无知了。无须赘言，索尼和富士通不论在工作内容上，还是在企业文化上，都是截然不同的。如果现在有学生在犹豫，不知道该进银行，还是去中传政七商店工作，除非有特殊情况，我们应该都不会录用这名学生吧。

　　但是当时，富士通还是"大人有大量"地把我招进了公司。在富士通的工作，回想起来，还是很愉快的。我当时负责跑业务，推销服务器的运维管理服务。在这里，我遇见了形形色色的上司、前辈和客户，都是我身边不曾遇见过的。同他们共事的经验，也奠定了我作为一名职场人士的基本素养。

　　我既没有在人际关系上遭遇一些徒劳无益的磕磕绊绊，也能较有要领地做好自己的工作，因此我几乎不曾受到责骂或是打击，但唯独有一次被骂得狗血淋头的经历。这是由于我们同一名重要客户发展的一个项目中出了差错，原本需要我和前辈一同去向这名客户赔罪、做演示报告、提供一份恢复计划，结果我却向公司申请了休假。

当时，我的脚在足球比赛中受了重伤，医生宣告："可能会坏死，要保持绝对静养。"我也想着，绝不能给人家添麻烦，于是拼命地写完资料、交给前辈，之后就横躺在家中的床上休息了。疼痛难忍，再顾不上其他。过了好多天，终于消肿后，我一去公司，便被部长劈头盖脸地骂了一通："谁管你的脚方便不方便。自己分内的工作，天塌下来也得出面吧。"

当时我还震惊，怎么会有这样不讲道理、胡说八道的人，而现在我可以理解他当时的心情了。话糙理不糙，部长当时想说的不过是，只要是自己的工作，就必须负责到底，这是极其正当的道理。

我们现在的公司里，也有许多和当时的我同龄的员工，都是二十多岁。老实说有时我也会觉得他们"真是太嫩了"，但是我并不擅长大声、严厉地斥责别人。我实在说不出"谁管你方便不方便"这样的话。不过，最近我也觉得，用比较温和的措辞和一颗关怀的心，在必要的时候教训一顿下属，这也是上级的工作。

低下头来，加入中川政七商店

2002 年 1 月，我跳槽加入中川政七商店。这是因为，到了富士通工作的第二个年头，我再次切身感到，在像富士通这样大的组织里，不论创下一番多大的事业，想要往上爬，还是需要时间的。

有"自己在大显身手"的真实的参与感，并且越做越有成就感，单凭工作成果就能决定是否有机会负责更加重要的工作，我想要在这样的环境里工作。倘若如此，我就只能着眼于中小企业了。我姑且将可能成为备选的中小企业列了出来，但仔细想想还有家业，并没有特地跳槽到别家公司的必要。出于这样的想法，我决定回到奈良。

我的父亲，中川严雄，在大学毕业后曾经在恩瓦德（Onward Kashiyama）服装公司工作，后来独立出来，成立了一家服装公司，之后继承家业，成了第十二代当家。

我的母亲，之前负责第二事业部。这个部门主要负责经营那些使用了麻料的杂货和小物件。母亲听说我要继承家业，很是为我高兴。但父亲却反对我说："要是进入社会才不到两年，就以为自己掌握了工作的要领，这是大错特错。我们这一行前景也不明朗，你还是断了这个念头吧。"但是，当时我已经辞去了富士通的工作，不可能回头了。最终我还是低下头来，请父亲让我加入了自家的公司。

升入初中的时候，父母就对我说："从今往后，我们就把你当作独当一面的大人了。想做的事，可以放马去做，但要自己背起责任来。"自此，不论是升学还是就业，一路以来，都是我自己做的决定，而且父母也从不干涉。因此，这回遭到父亲的反对，我还是感到有些意外。

过了很久我才知道，原来口是心非的父亲还是很高兴的。他当时似乎以为，要是举双手赞成，我又会改变心意，选择逃避。的确，要是他们在我说出自己的决定之前，对我说"来继承家业吧"，我或许是会拒绝的。还是父亲下了一手好棋。

进公司后，我马上就被分配到了经营各类茶具的第一事业部。到第十一代，我们的经营范围还仅限于茶巾和小方绸巾等布艺茶具，而到了父亲这一代，难得打开了销路，便也开始经营茶碗和茶叶罐之类的产品了。

我们这个行业，是一个有着许多老规矩的圈子。因此，起初我们的茶碗还被批作是"卖茶巾家的茶碗之流"。但是后来我们很快开始开展目录销售，并请著名的工匠使用别名来制作价格合适的作品，诸如此类的点子奏效了，在我进公司的时候，我们在新物（现代烧制的东西）这一领域的销售额，已经达到了全日本屈指可数的水平了。

为了避免误解，在这里说明一下，作品使用别名来销售，这里头可并没有什么亏心事。这是因为，只要是出自著名匠人的茶碗，再便宜的，价格也要超过数十万日元，平民百姓们总是望而却步。如果需求很少，那么工匠的工作量，以及与之相伴的收入也会有上限。虽说如此，降价又显得有失工匠的身份。一方是买手，想要以合理的价格，求得有价值的宝贝，另一方是工匠，为显赫的名声与现实的经济状况难以两全而烦恼。使用别名，皆大欢喜，实在是一个绝妙的主意。

畅销品总是缺货的一个大问号

当时，公司的营业额主要来自第一事业部，而在这里派给我的，都是像检查货品、打包之类简单的工作。尽管如此，对于此前同麻和茶道都无缘的我来说，这些净是头一回见的东西，很是新鲜。放茶碗的桐木盒子和收纳茶叶罐的袋子（日文写作"仕覆"），它们的绳子怎么系，这些规矩也是在这个时候记住的。

只是，总归是太闲了。茶具生意的淡旺季非常明显，到了一二月份突然就卖不动了。斗志昂扬回到老家的我，满是无法打发的时间和无处安放的精力。

于是，我决定就在周六这一天，去参观经营麻料小物件的第二事业部。在奈良的总店之后，我们于2001年在惠比寿又开了"游中川"的东京分店，而且还会不时将店铺广告登上女性杂志等。

因此，我一度以为即使营业额还没有达到很大的规模，从业务流程来看，应该已经像模像样了吧。但实际情况令人大吃一惊。因为是自曝家丑，所以就先说一件吧，其中最让我震惊的是，我们几乎没有生产管理这个概念。

不论是在直营店，还是在百货商店的柜台，畅销的A这一商品总是缺货。另一方面，几乎没有人气的B这一商品的库存，却一个劲地越积越多。A的在制品有多少、什么时候能够完成多少个，不论问谁，都答不上来。库存充足的 B，却听说明天、后天还会交付过来。当我询问"为什么不做 A，而光顾着做 B 呢"时，我得到的确是"B 比 A 更好做"这个我连想都没想过的理由。

母亲也是"游中川"的设计师，加上作为母亲左膀右臂的得力助手田出睦子女士（补充说一句，田出女士是工龄比我还长的唯一一名在职人员），她们两人的审美品位在已婚女性阶层中很受欢迎。在 20 世纪 90 年代，我们奈良的店铺由于在这里能够发掘年轻的工匠和设计师，作为一个美术展览馆，也赢得了很高的评价。此外，包括轮岛涂的工匠赤木明登、木工设计师三谷龙二、陶艺家内田钢一等各位杰出人物的作品，也是在这里被率先介绍给大家的。

但是，还是该说正因如此，当时母亲和田出女士似乎都对经商没有什么兴趣。这样想来，我决定拜托父亲将我调到第二事业部。

实际到第二事业部一看，本应做好的工作落实不下去，对此大家却都早已习以为常，这种状态还是远远超出了我的预期。有一件事我到现在都忘不了。用在产品上的麻绳，规定要每 20 米切分一段，但打零工的女人们却都是拿着 50 厘米的量具折叠 40 回来测量。

这样效率实在太低，我便在长长的操作台上，画出了长达 10 米的计量标记，这样一来，来回两次就能测量出来了。我自以为是一个得意之作，结果开工以后一看，谁也没有用的打算。

准确来说，起初一两回还是敷衍地用了一用，但大家很快就找了一些类似"操作台太远了"云云的理由，再不用了。

就是想破脑袋，也是我的做法量起来更快，也能减少误差啊。听我这样据理力争，老员工和打零工的女人们却统一了口径："的确是那样的，但是因为我们一直以来都是这个做法……"

怎么就不明白呢?! 我还记得自己当时非常生气，但放到现在，也就明白了。这种单方面的做法，是很难贯彻下去的。而那个时候的我，也完全没有学会如何站在他们——在一家位于奈良的小公司里工作的人们——的视角来看问题。

当时我就保持着每周休息三天左右的节奏。并非是没有了干劲，相反，看看书，在脑子里东想西想。普通公司都像是会开展销售管理和预算绩效管理吧，但在这里即使导入这些制度，工作现场也不会配合，所以其实是无事可做。脑袋里的理想和现实之间的反差太大了，可以预见即使是全速运转，也是空转。想想当下，每周七天，每天二十四小时，要是不全速用脑，就眼看要把员工们给晾着了。再回想当年，我真是觉得，当初是多么幸福啊。

经营者必须自己做决定并贯彻下去

尽管我已经在积蓄人力上，下了很大的功夫，员工们还是一个接一个地辞走了。没有人站出来公开批判我的做法，这也意味着对于工作，大家并没有那么高的热忱吧。我也没有特意去拼命地挽留，只是为了填补空缺，在招聘时吃了不少苦头。不论是在职业介绍所（Hello Work）① 上发布招聘启事，还是下血本发布招聘广告，都没有遇见那种能让人眼前一亮的人才。我还记得当时父亲的话："这种乡下的小公司，可招不到你期待的那种人才。不迎难而上，是行不通的。"

恰好在这个时候，我还拒绝了续签一名外包的员工。这名员工有经营日式杂货的经验，对于当时的中川政七商店来说，是非常重要的。之所以拒签他，是因为这个人阳奉阴违，在公司里搅浑水。能力再强，会影响到团队的氛围，这样的人要不得，这是我一贯的想法。虽然他并不是我们公司内部的员工，但却是我亲手裁掉的第一名员工。

这名员工，起初是由父亲带来的。有这样一层背景，我还以为父亲会说我什么，结果他竟然一言未发。只是后来经人传话，听他这样说道："自己做了决定又能贯彻下去的话，这家伙就没问题。"且不论他说的正确与否，他的意思似乎是，身为经营者，最终还是要忠实地跟着自己的心走。犹疑不决、决定了却贯彻不下去，这是最没用的。没有亲口对我说这番话，这的确很像是父亲的风格，不过这也是我第一次发自内心地感受到了父亲一直以来给予我的信任。

---

① Hello Work：公共职业安定所，日本政府依法设立免费为招工者和求职者之间建立雇佣关系的国家公共服务机构。

从那时起到现在，已经过了近十五年。现在只要我们举办面向毕业生的招聘说明会，都会聚集前来一大批两眼放光的、优秀的学生。招聘有工作经验的人时，也能遇见有着出色履历的人才。但我还远远没有满足，我一直期盼着能够同更多很有本领、有想法的贤士共事。

不过，回想当初，的确有一种隔世之感。一是要有能够引起人们共鸣的企业愿景。二是要有有实际业绩作支撑的品牌强度。倘若有了这两点，就算在小地方，不是一家大公司，也会有济济一堂的人才。以此为目标，可以说我们现在能够取得这样的成绩，也正是我们致力塑造品牌而取得的一大成果吧。

无须克服"讨厌做销售"的情绪

开始负责第二事业部（经营麻料杂货的部门）后，尽管还有许多地方没弄明白，我也顾不上那么多了。在提高业务效率、推动产业升级（准确来说，应该是"赶上行业的平均水平"）上猛下功夫后，终于，销售额和利润实在太低这一本质上的问题慢慢浮出水面。倘若不加以改进，公司无疑是没有未来的。

为了开拓销路，我进行了各种各样的摸索尝试。一天，我突然灵机一动，想到可以请日式点心铺帮忙卖我们的怀纸①和

---

① 怀纸：折叠起来放在和服的怀中随身携带的两折的和纸，换盘子时或喝完茶擦茶碗的口印时使用，还可用来抄写诗歌、包点心等。

切点心用的银签。但是，我既不可能一家一家地去转，又没有门路，正绞尽脑汁的时候，在报纸上找到了一则关于点心杂志的广告。我原先不知道还有这样的杂志，赶快拿到手过了一眼，才明白这一杂志的读者有一部分是日式点心铺的铺主，而有一个研讨会，正是面向他们举办的。

打电话拜托主办方，得知他们愿意在讲课结束后给我一点时间。我马上把和日式果子搭配在一起理应能够畅销的商品和用于促销的资料装进行李箱，拉上就走，向活动会场所在的杂居大楼①出发了。等我干劲十足地宣讲了一番，或许是出于新奇，参加讨论会的几家日式点心铺都愿意在店里摆放我们的商品。不过，这对于提升关键的业绩来说，还只是九牛一毛。

向各地举办的各类礼品展主动出击，也正是在这个时候。总而言之，这些行为都可能有机会让更多的人知道中川政七商店，在没有销路、没有销售能力、没有知名度，可谓一无所有的当时来说，可以说这是一种常规的打法了吧。事实上，在开发新客户方面，这些举措还是有一定成效的。

只是，到了实际开展交易的阶段，我们必须要去拜访一次对方的店铺或公司。那么，如果距离较远的话，大多需要耗费一整天的时间，这也是稀松平常的事了。然而，如果要谈这对营业额究竟做出了多大的贡献，这些店铺或公司的年销售额，绝大多数并不超过五十万日元，再没有比这更低效的法子了。

---

① 杂居大楼：商住两用的综合大楼，汇集办公室、不同行业的商店、住宅的大楼。

而且，还有一个致命伤在于，想要同批发商们细水长流地发展下去，经年累月的努力也往往是会打水漂的。现有客户的营业额常常是一年不如一年。究竟是商品不行，还是销售方式上有问题，即使在左思右想后，向店铺或批发商提出了建议，由于我们同客户没有直接的连接点，最终的管控还是不起作用，也解决不了问题。

　　通过开拓新客户等，再怎么拔高营业额，光是想要补上现有客户减少的差额，已经很吃力了，无异于用竹篮拼命地打水，只是一场空。只靠批发，是再迈不出更大的步子了。因此，我决定向新的可能性——零售业务进发。

　　蓦然回首，不禁要惊叹，自己真不是一块做销售的料。我既不擅长做销售，实际做的时候心里也是这样想的，自然不可能出成果。不过我更偏向于认为，还是不要做自己不擅长的事情，这样更好。比起努力追赶上平均水平，不如在自己擅长的领域做到拔尖，这样既有意思，也更加高效。

　　年轻的时候，我觉得就算是不擅长的事，也都应该去做，但到三十岁左右，就该打住了。人人都有适合或不适合自己的事情。因此，如何洞察到年轻员工的特点，去思考员工们怎样才能得到更多的成长、怎样才能大显身手，通过人事考核和调动等，将大家引导向适合自己的方向，我想这也是作为经营者的一项非常重要的工作。

　　我并不是在鼓励大家去逃避自己讨厌的事。而是，要用自己的双手去打开局面，从而让自己得以不用做那些不擅长的事。

如果不擅长做销售，那么与其低头恳求别人购买，或是说服对方同自己做生意，不如努力让对方主动来选择自己。我一直说"正是中小厂商，才必须要跳出生产制造这一层面，向品牌塑造转型"，也正是出于这样的想法。

缺乏交涉能力的中小厂商"请别人同自己做生意"，容易碰到零售商或批发商提出的一些无理的要求。然而，一口回绝，却可能再无生意可做。而且，本身员工数量很少，无法确保足够的销售能力。我们也不像大公司，负担不起一大笔广告宣传费。因此，就需要通过品牌战略，给商品和公司自身打上镁光灯，成为顾客和客户的主动选择。

最重要的是，毫无意义的推销，既不会带来任何附加价值，还会拉高成本。因此，从我自己这一代开始，便断了过去这一行的老规矩，不再每周抽出一次时间，去百货商场转一圈了。露个脸、打声招呼，或许的确能给百货商店的负责人留下一个更好的印象，但是并不可能借此提高营业额，也并非就有了好的商品和服务。反之，增加的成本，最终会反弹到价格，而打到消费者的身上。这 做法起初的确招来了差评，但是后来似乎得到了大家的认可——觉得那个地方就是这样一个做法。因此，我们现在也将它贯彻到了基层，员工们只在有要事的时候，才会前往百货商场。

公司倒闭那天，希望罪魁祸首是自己

从批发到零售——作出这一判断的背后，还有出自我个人的另一想法。那就是，倘若到了公司倒闭的那一天，我希望罪魁祸首是自己。如果对于特定客户的依赖程度很高，不论对方是批发商还是零售店，一旦出了什么岔子，自己也会很快受到波及。最糟糕的情况下，甚至可能会跟着倒闭。如果是因为自己搞砸的，那也无可奈何。可是，如果是因为客户一方经营不善，城门失火，殃及池鱼，就不免会陷入无尽的懊悔之中。

似乎从儿时起，我就在想着相同的事情。中学时，似乎还曾经对母亲说："要是选错了，也是不得已，但我说到底不情愿看到的是，自己根本不知道还有这个选项。"

我自己早就忘了曾经说过这番话，反而是当我告诉母亲，正在考虑要不要扩充直营门店的经营场地时，母亲告诉我的。不知道究竟是因为她觉得就算说了我也不会听，还是出于对我的信任，一手操办起杂货事业并经营至今的母亲只是淡淡地说了一句"啊，是吗?"就随我去了。

我进公司的前一年，也就是 2001 年的时候，我们在东京的惠比寿开了一家直营店，这家店铺用作展示的成分比较大。当时，包括奈良店在内，我们还并没有认真发展零售的觉悟。厂商不止步于建立试销店铺（Antenna Shop），想要进一步动真格地做零售，并不是一件容易的事。

缴纳房租、聘请销售员、在门店持有库存，光是做好最基本的几项，就已经很吃力了。再到适应零售、搭建库存和顾客管理系统，自然会进一步加大成本。因此，中小企业想要一步到位，难度很大。我们中川政七商店现在被封为工艺界 SPA（自有品牌专业零售商）商业形态的先驱。但是回到当时，想要建立完备一套针对制造型零售的系统，中川政七商店也不无例外地，需要花费长达几年的时间。

考虑到上述原因，身为社长的父亲曾经面露难色，认为转型做零售，风险太大，认为"搞零售是赚不到钱的"。而我这样反驳："现在或许的确如此，但总有一天一定会盈利的。比起这个更重要的、最重要的是要提高品牌的知名度，做零售是绝对必要的选择。"

光做批发，不可能百分百地向顾客们传达中川政七商店的价值。构成一大品牌的要素中，商品至多只能占到四成或是五成，剩下的便是店铺的氛围和员工的接待服务等。为了准确地传达应该传达的东西，提高品牌强度，就需要增加同顾客的接触点，百分百亲手把关。而最有效的方法，就是开直营店了，我这样说服父亲。

当时日本还正处在一个物质生活水平较低、各类商品的质量和性能参差不齐的时代，消费者更加看重商品自身的价值。而到了现代，质量和性能已经不再是那么重要的差异化因素了。即使质量、性能、价格相差无几，还是有的就是能畅销，有的却不行。那么这之间究竟有着怎样的差距呢？我想应该在于"共鸣"吧。

我自身非常喜欢索尼公司。货比三家，虽然其他公司的产品更加价廉物美、性能更优，有一个时期，我还是会选择索尼的产品。这是因为自己对索尼这家公司有共鸣，在自己的脑海中，索尼的产品从一开始就已经"被打上了镁光灯"。换言之，它有着很高的品牌价值。

从索尼公司的广告和产品自身，都能够感受到它的创新、高科技和优秀的设计，品牌价值正是来源于此。但是，中小企业无法负担高额的广告宣传费用。因此，非但很难向消费者传递自己倾注在产品和服务中的理念，而且公司自身对于消费者而言都是一个陌生的存在。

但是，通过开店，在这里能够同消费者直接沟通，我们能够以各种各样的方式向消费者们传递信息，包括我们是一家怎样的公司、有着怎样的造物理念、希望给我们的消费者带来怎样的生活，等等。对于我们的价值观和世界观持有共鸣的人越多，那么中川政七商店的品牌强度也会得到提升。关于品牌的想法，到现在也是一样。

我一再强调，做零售，想要从店铺到柜台的设计，再到销售员，这一切都能够由自己亲手把关，就必须要把直营店开起来。大概是拗不过我，父亲最终只是说了一句"随你的便"，就让我放手去干了。

正好在这个时候，我们接二连三地收到了来自位于东京二子玉川的玉川高岛屋购物商场和伊势丹新宿总店的开店邀约。而当时"游中川"的主要消费人群也恰好是在生活和时间上比较宽裕的已婚妇女阶层。不论对于哪一方，这都是求之不得的大好机会。于是，我毫不犹豫地决定进驻百货商场。

"伊势丹式"购物商场改革的洗礼

告别自己不擅长的销售，努力成为客户的主动选择，我决定走上这条道路。然而，前方等待我的，毫不例外，依然是严酷的挑战。我们于 2002 年 6 月，在开设玉川店之前，进驻了伊势丹新宿总店。总店负责人这样要求我们："请你们每两个星期更新一次 face。"

所谓"face"，是商品推销（Merchandising/MD）中的一个概念。字面意思，原来是指店铺的门面，即对外展示的外观。伊势丹方的负责人要求我们，要时不时地对摆放的商品和商品的陈列进行一个微调，从而保持"购物商场"的新鲜感。购物的场所，从顾客的角度来看，不是"卖场"，而是"买场"，即"购物商场"。坚持站在顾客的角度来提供服务，伊势丹公司在表达艺术上，也有着独家的讲究。

当时，我们一年只发布两次新品。因此，每两周调整一次店铺的陈列，实在是有点强人所难。"夏天主打卖麻可以理解，那到了冬天你们准备卖什么呢？"听我回答"冬天也卖麻"后，商场招商人员的神色一下子就变了："那我们可不能把购物商场交给你们'放任自流'。"我匆匆忙忙，推说譬如新年装饰品等是使用麻料的。总之，是顶住了压力。我这时才明白，大家为何一年四季都要去转商场，以及这是一件多么不容易的事。

到了冬天，麻料质地的商品就不太好卖了。所以要卖日式杂货的话，就必须准备一些新年装饰品等的应季商品。此外，还需要有计划地将商品分门别类、系统地管理起来，以便投放到门店去。关于如何打造一个卖场，这些入门知识，几乎都是那个时候向伊势丹一方取的经。"严师出高徒"，直至今日，我依然心怀感谢之情。

只是，原来都是一年上新两回，调整到一年三回后，商品数量也增加到了过去的五倍左右。公司内部商品策划的负责人肩上的担子，一下子就重了起来。商品策划的能力，将成为未来中川政七商店的生命线——抱着这样的信念，我们招聘了一批经验丰富的新员工，总之是想方设法，总算克服了困难。

当时也并没有起用外部设计师的打算。中小厂商聘请外面的设计师来帮忙，一时引发热门话题，的确是有的。但是，如果在经济上不够富余，不足以继续聘用这名设计师，那么也无法期待能够实现我们真正想要达到的效果。比起这一点，最重要的是，自家公司商品策划的负责人在做自家商品这件事上，能力自然要比其他人都强。对中川政七商店的风格有着最深刻的理解，并能够将这种风格融入产品中去的，理应是公司的内部人士。这一想法直到现在，也基本没有改变。

当然，会有一些工作，只有有着丰富专业知识和很高专业技能的外部设计师才能胜任。也有一些问题，可能是"当局者迷，旁观者清"的。因此，我并非说，把所有工作都揽在公司内部就可以了。对于如何让经营者同外部设计师、内部人才各司其职，从而充分地满足工作上的需求，以及在此基础上三者之间会形成怎样的关系，我将在第三章中详细地展开论述。

伊势丹新宿总店，的确给我们带来了很大的影响。之所以这么说，是因为尽管我们在营业额上并不见得会有很大的涨幅，其他百货商场和购物中心也开始向我们发出进驻邀约了。但是，并不能只顾着高兴。其中有的地方已经直白地告诉我们："就算业绩平平，从 MD 的角度来看，商场需要你们，所以希望你们能来。"打造卖场，需要"游中川"这个品牌的加入，听到这样的话，我固然发自内心地感到高兴。但是，没有数字的佐证，就意味着指不定什么时候我们的店铺即使消失，也不足为奇。只能一步一个脚印，把业绩做实了、提上去，别无他法。我这样想着，便又热火朝天地投入到了工作之中。

另一方面，我感到进驻百货商店开"专柜"，这种店铺形态的发展空间已经逐渐到头了。譬如，以伊势丹店铺为例，在百货商店的楼层布局图上，哪里也找不到"游中川"这三个字。从卖场自身的位置来看，也不过是从面积很广的楼层中，简单地切出了一角罢了。这样一来，想要打响品牌、讲好故事，实在是有些束手束脚。

想要提高品牌强度，从而成为终端用户的主动选择，那么不仅仅是商品和销售人员，还包括店铺的设计和陈列、同顾客之间的沟通等，能够全方位把控全局的直营店才是理想的选择。我的这一心愿日益强烈了起来。

新品牌"粹更 kisara"的问世

跳槽回到中川政七商店那时，我还对管理一窍不通，也缺乏经验。被调到经营麻料杂货的第二事业部，了解到实际情况——本应做好的工作落实不下去，大家却都早已习以为常后，我虽然想着必须要做点什么，但却无从下手。业务战略、市场营销、生产管理等只是有所耳闻。MBA 学历、实战经历等，通通没有。因此，我决定顺手盲选几本看上去能够用作参考的书籍。

其中一本书的书名叫做《情感程序指南》（Emotional Program Bible，英治出版）。作者为策划师坂井直树，因曾经推出日产汽车的"Be‑1"等畅销商品而闻名。

选这本书，是希望能够在创立新品牌方面得到一些借鉴。2001 年时，我们曾经投入了新的生产线，产品风格选用比以往的"游中川"更加简约的色系。但是，在开拓新客源、推动营业额的增长上，并不见什么起色。显然，无法指望凭借单一品牌，实现更大的增长了。

对于品牌战略，我不懂的地方太多，因此并没能够完全消化坂井先生书中的内容。不过，借此机会，我开始思考什么是品牌、什么是设计，脑海中关于新的品牌和呈现出来的商品模样，原来一团糟的思路，似乎也整理清晰了。

简单总结一下这本书中写到的"情感程序"（Emotional

Program），它指的是一项方法论。从"价值观"和"感性年龄"两个维度出发，将各大市场上的商品和品牌的定位，用情感矩阵（Emotional Matrix）表现出来。读罢，我立马将"游中川"同即便并非竞争对手但距离较近的周边品牌都试着列了出来。结果发现，比起"游中川"的主要客群，以年轻群体为对象的时尚的地方更有商机——这一答案慢慢显现出来。

当时"游中川"的主要目标群体，还是像会阅读《家庭画报》① 和《妇人画报》② 的已婚女性，商品同我自身的喜好也存在偏差。但要说有没有其他在做类似东西的厂商呢？我也并没有找到。就算前往卡西纳（Cassina）和弗莱克斯（Arflex）等高级家居用品店，靠垫和亚麻面料的床上用品等布艺品也都是国外的品牌，几乎看不到"日本制造"。

如果利用中川政七商店的纺织技术，生产出能让卡西纳愿意在店里摆放、销售的商品，那么一定能够挖掘出新的顾客阶层。"使用日本传统工艺和原料，打造能够融入现代生活的功能和设计"——商品的形象已经描画出来，那么接下来只要动手去做即可，我当时是这样想的。

在 2003 年 8 月写下的中期经营计划书中，我写下了自己这一天真的想法："在今年 11 月举办的日本东京国际家用纺织品

① 《家庭画报》：世界文化社面向妇女发售的生活杂志，1958 年 2 月创刊。
② 《妇人画报》：赫斯特妇人画报社面向妇女发售的生活杂志。1905 年由日本小说家、诗人国木田独步担任第一任总编创刊直至今日，是日本历史最悠久的女性杂志。

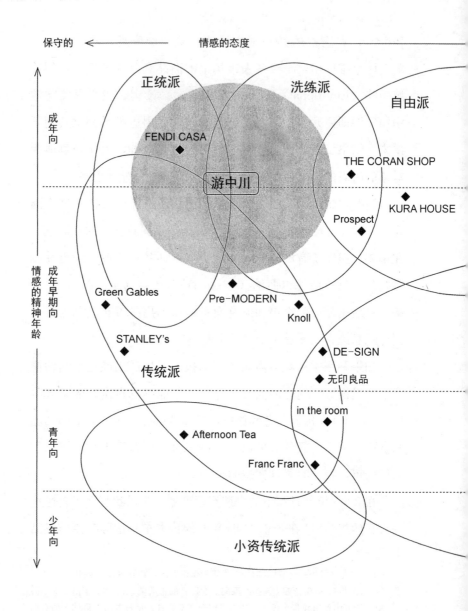

保守的 ← 情感的态度 ———

正统派　　　　　洗练派　　　自由派

成年向

FENDI CASA
◆

游中川

THE CORAN SHOP
◆

KURA HOUSE
◆

Prospect
◆

情感的精神年龄

成年早期向

Green Gables
◆

Pre-MODERN
◆

Knoll
◆

STANLEY's
◆

传统派

DE-SIGN
◆

无印良品
◆

in the room
◆

青年向

◆ Afternoon Tea

Franc Franc
◆

少年向

小资传统派

家居用品店的情感矩阵（2003 年）

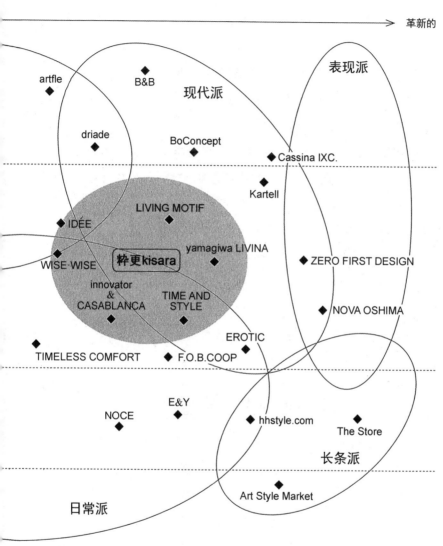

革新的

表现派

现代派

artfle

B&B

driade

BoConcept

Cassina IXC.

Kartell

LIVING MOTIF

IDÉE

yamagiwa LIVINA

粹更kisara

WISE·WISE

ZERO FIRST DESIGN

innovator
&
CASABLANCA

TIME AND
STYLE

NOVA OSHIMA

EROTIC

TIMELESS COMFORT

F.O.B.COOP

E&Y

NOCE

hhstyle.com

The Store

长条派

日常派

Art Style Market

（注）品牌名称为当时的名称。
（出处）坂井直树，WATER STUDIO&EP-engine，
笔者修改自《情感程序指南》，英治出版，第96页。

展览会（JAPANTEX，简称日本家纺展，日本最大的家居用品展览之一）上，公布我们的新品牌。"写下这个中期经营计划书的时候，筹备工作多多少少已经启动，但即便如此，筹备时间总计只有四个月左右。考虑到当时的组织能力和我自身的经验值，这可真称得上是一项突击工程。

新品牌的名称，通过公司内部公开征集，最后选定为"粹更 kisara"。意思是，为大家提供"更加""粹"（精炼考究）的生活方式。这个名字中，既凝聚了我们的期盼，叫起来也悦耳动听，我很中意。商品设计由在"游中川"已经做出一番成绩的田出女士负责。另外，当时还没有确立品牌概念（我也不确定是否用过"品牌概念"这个词），我这边告诉田出女士的，也只是泛泛的一句"让人眼前倏地一亮的、日本的东西。"从这一点上也可看出，所谓四个月的筹备时间，是多么草率鲁莽。

获益匪浅的星巴克的早晨

或许是因为无知者无畏吧，即便如此我们还是想方设法赶上了十一月的日本家纺展。我满怀着期待迎接入场观众光临我们的展位，然而，似乎在意料之中，又似乎在意料之外，"粹更 kisara"并没有引起我期待的大反响。

不过，我们身边出现了一个不可思议的现象。接连几天都看到参展厂商的相关人员而非入场观众，把"粹更 kisara"的展位围了一圈，远远地望着。我后来才明白，这是因为一个关键人物。他是常年担任巴黎时尚家居设计展（MAISON&OBJET，简称 M&O，欧洲最大的家居设计展，每年在法国举办）首席的艾蒂安·科奇（Étienne Coche）。

在和有关人士聊天时，他说，在所有展位中，"粹更 kisara"给自己留下了最深刻的印象。"粹更 kisara"作为一家公司走上轨道，还是一年多后的事情了。但是，能够得到声名远扬的"鉴赏家"科奇先生的肯定，在那些难熬的日子里，这也一直成了我的心灵支柱。

另外还有一名"粹更 kisara"创立初期背后的恩人。那就是曾经在亚瑟士（Asics）做过市场营销，后来成为独立顾问的冈本充智先生。

我曾经拜托冈本先生担任公司内部研修工作的讲师，因此结缘，不时会向他请教关于市场营销和商品开发等方面的问题。冈本先生自己也有创立新品牌的经验，于是，我决定成立"粹更 kisara"以后，便请他赐教。他听我这样一说，非常爽快地答应，早上上班前能够匀出一些时间给我。

位于近铁①奈良学园前站的星巴克，成了我们的教室。这件事不知怎的传到了父亲那里，他要我好好把学费付给人家。分明是承蒙对方好心好意，愿意早上抽空教我，我却要提钱的事，总觉得有些见外。但是，考虑到冈本先生从事的就是顾问

---

① 近铁：近畿日本铁道的简称，横跨日本大阪府、奈良县、京都府、三重县、岐阜县、爱知县 2 府 4 县。除 JR 集团以外，在日本民营铁道公司中拥有最长的路线网。

这一行，父亲的意见也并不无道理。我这样想着，便和冈本先生提起，却听他说："你要是觉得我对你有恩，希望你也能这样回报给下一代。"他就这样坚决地谢绝了我的学费。

另外，替我考虑、让我写中期计划书的，也是冈本先生。为了写这本书，我又重新翻阅了当时的文件。早期的版本非常粗糙，我甚至不敢把它称作是一份中期计划书。即便如此，每年梳理一次现状，为了达成目标将具体的行动计划写下来，这对当时要成为一名经营者的我来说，着实帮了大忙。而我在这里写给正在寻求咨询的经营者们，也正是因为想要谨遵冈本先生的教诲，将我实际感受到的成效，告诉年轻人们。

前年，我见到了冈本先生的儿子。他大概比在星巴克课外补课时的我还要年轻三四岁吧。他通过脸书（Facebook）联系到我，告诉我自己现在是一名公司职员，但是未来希望走政治的道路，为奈良当地做贡献，希望同我聊一聊。

我并不懂政治，但是当时就想和他一边用餐，一边谈天，毫无保留地告诉他自己通过经营学到的收获，以及到了四十岁开始思考的东西。

我不认为此举就已经足以回报昔日的恩情，但将知识和经验传递给下一代——冈本先生的这一教诲，我至今依然铭记在心。

展会究竟为什么存在？

在日本家纺展上的首次亮相，虽然没有一炮打响、一举成名，但是赢得了像科奇先生等嗅觉灵敏的贵人们高度的评价，又让我鼓起了勇气。走访觉得适合摆放"粹更 kisara"商品的家居用品店、服装店、摆放同食住相关各类商品的生活方式店（Lifestyle Shop）等，但我都没有找到愿意把我们当回事的地方。第一年度的业绩，居然只有 60 万日元左右。可见当时的情况是多么严峻啊。

因为是一个新的品牌，且不说没有拿得出手的实际业绩，对于这个品牌，大家也经常会觉得"有些摸不着头脑"。当然，我们每次去拜访人家，一定会带上商品和目录，也会进行口头上的说明。如果有已经在销售我们商品的实体店铺，那么摆在柜台看起来会是什么感觉，是怎样卖出去的，就一目了然了。但是仅凭这些，就需要通过语言和照片，或是其他的表现方式，来说明我们的品牌概念，帮助对方理解。

然而，对于当时的"粹更 kisara"来说，关键的品牌概念还没有成形。将"粹更 kisara"放在同"游中川"不同的定位上，这是出于我们自身的考量，想要把商品销售出去的这些店铺，对此并不太关心。我们也试过尽量用文字写下来，但最终我自己也没有明确"粹更 kisara"理想的品牌形象和能够为顾客提供的价值。因此，也不可能会有说服力。我决心从头再来。

在这个时候，我遇见了从事建筑设计和室内设计的西纳托（Sinato）。"游中川"新店的室内设计就是委托这家公司来做的。以此为契机，对于第一次和公司外部的设计师一起工作的我来说，什么都觉得非常新鲜。对于推出的杂物和家具，我们都会附上文案，来讲述"游中川"这个品牌的故事。

"粹更 kisara"需要的，正是这样的东西。同西纳托的合作从此展开。从概念设计——包括"粹更"是什么、为顾客提供的是怎样的价值，到图像拼贴——从大杂烩中挑出与自己品牌风格相似的东西，都是请西纳托带领我们从头来做的。

最终浮现出来的，是"新的日本之形"这一关键词。用新的造型，融入人们的现代生活，"演绎"日本传统的素材和技术。这同现有的品牌"游中川"自不必说，同其他公司的任何品牌也都不会撞车。这个词，体现出了"粹更"独一无二的价值。品牌概念由此成形。

下一步，为了尽量扩大"粹更 kisara"的知名度，我决定继续发起挑战，去参加一个不同类型的展会，创造机遇。与此同时，将开设直营店作为我们的下一个目标。

首先是要参展。在参加日本家纺展获得的成果基础之上，我决定要严格挑选出一个便于传达我们品牌形象的展会。我心中向往的，是像 2004 年在位于东京目黑的克拉斯卡（CLASKA）酒店见到的，由立川裕大先生着手举办的"BOND"这样时髦的展览。

当时，打破不同行业和领域之间的壁垒，由主办人独自筹划的展览，也开始变得越来越多了。高质量、有特色的展商，同有目的地前来参展的观众互相交流，这样的展会，不光是停留在"展示"上，还成了具体的商谈场所、展销空间。显然，想要让人们看到、实际接触到、购买"粹更 kisara"的商品，比起主要为了提高品牌形象、同业内人士交流的大型展会，这样的展销会更加理想。

但是，这些时髦的展会在甄选展商时，标准很严，没有实际业绩的"粹更 kisara"很难收到邀约。因此，我毅然决定参加东京设计师周（Tokyo Designer's Week，简称 TDW）的集装箱展。参展费用包括展位的准备在内，要超过 500 万日元。对于当时的"粹更 kisara"来说，的确是一笔需要下大决心的投资。但是，事务局向我们介绍，这次展会的阵容非常强大，而且同以往展会相比，商业色彩更加浓厚，让我动心决定出展。

然而，这次参展的结果却是糟糕透顶的。和事先说好的不太相同，实际很少有集装箱在摆放自己的商品，也几乎看不到明码标价的展位，这是我们不曾料想到的。不仅如此，不合时令的台风登陆，更是雪上加霜。来的人零零星星的，原来计划举办六天的展会也提前落幕。即便这样，参展的费用并不会退还给我们一部分。"屋漏偏逢连夜雨"，说的就是我们了吧。

通过参加实打实的交易会（Trade Show），而不仅仅是展览，抓住飞跃的契机。我虽然有这样的想法，但又苦于在现实中没有机会。我想，想要将公司做大做强的中小企业们，现在也一定会遇到这样一座高墙。有了这样的问题意识，后来才有了由我们主办的、集结了日本各地工艺厂商的联合展览"大日本市"。

我也曾对如何开店一头雾水

尽管我们继日本家纺展之后，再一次在东京设计师周上打了个空，但很快局面出现了转机。来自做店铺室内装饰等建筑施工的建筑装饰公司巨头"船场"的加藤麻希女士，看到"粹更 kisara"的集装箱展后，过了几天就联系上了我们。

承包商业大楼和购物商场室内装饰工程的建筑装饰公司，能够很早得到开业和重装的信息，自然能同可能成为租户的企业保持联系，因此也具备着将两者对接起来的桥梁作用。在这之中，船场公司还有着自己的专业团队，积极地为想要开店的公司提供支持。这一次，由加藤女士同我们对接。

我之前就想，在参展之后，要打造直营店，作为"粹更 kisara"的品牌基地。在展会上或是在做销售时，再怎么费尽口舌、展示我们的样品，也很难充分地传递品牌的价值和世界观。与此相比，店铺能够承载许多同顾客的接触点。"粹更 kisara"这个品牌，想要做出什么样的商品，这个商品为什么会出现在那里，是由谁制作的等，店铺的设计、什物、陈列、销售员的接待服务等，本身就是非常强有力的辩词。我已经在"游中川"的几家店铺中，学到了这一点。

但是，当时的我，该怎么做才能把店开起来呢？我还是一头雾水。不论是"游中川"的玉川高岛屋购物中心店，还是伊势丹新宿总店，都是走运地由对方抛出橄榄枝，自己只是接了下来而已。想到要推出一家新的店铺，自己应该向哪个方向、怎样努力才好，我还没有答案。

等报纸上刊登出商业设施的建设计划，才看到讯息，常常会落后一步，陷于被动。有新的开业机会，也几乎不会公开招商，店铺重装和既有店铺退租开始招商，往往会私下达成协议。这些事情，我当初也几乎都不明白。

是加藤小姐将开发店铺的基本常识，教给这样的我的。提前告诉她想要在什么地方开一家怎样的店铺，她就会帮忙把我们这边的信息，早早地带到购物中心的开发商和百货商店那边去。

站在开发商和百货商店的角度来看，由第三方的行家提供的客观信息，信任度也比较高。因此，在开店交涉时，对于租户这一方而言，能够更加轻松地谈到对自己有利的条件。这都是我从加藤小姐那里学到的。感谢她的帮助，不论是"游中川"还是"粹更kisara"，都没有在开店选址上出错。我想这也是我们的公司能够成长至今的一个非常重要的原因。

不过，在那之后，到正式发起攻势之前，我们还花了一段时间。从品牌出道起，一年过去了，"粹更kisara"的艰难处境依然没有任何变化，我甚至一度开始考虑选择撤兵了。

新店进军表参道之丘！

扭转局面的，是2004年逼近年末的一通电话。这通电话，不是由别人打进来，而是由我打出去的。话筒对面是由森大厦株式会社开发的表参道之丘（Omotesando Hills）的招商负责人。

知道森大厦要在表参道的同润会公寓旧址建造商业设施，

我参加了那一年夏天的招租。一开始就知道竞争非常激烈，因此便请西纳托帮忙，先集中精力通过书面选拔。没有实际业绩的"粹更 kisara"想要幸存下来，必须要给人留下深刻的印象。我们从茶道具得到了一点灵感，做了一个小设计，解开桐盒上的绳子，就会从里面出现一份奏折状的提案书。

不知道是不是因为这一招奏了效，我们顺利地通过了书面选拔。接下来是展示环节。第一回在森大厦的公司总部做演示报告，第二回请他们到"游中川"的惠比寿店来，谈谈"粹更 kisara"想要推出的"新的日本之形"究竟是什么样的商品，借此打动他们的心。

将日本全国各种各样的素材和技术集结在一起，作为一个品牌打出来。当然，不是简单的拼凑，而是统一在同一价值观下，有意识地去挑选、汇总。我设想的，是茶道中的千家十职。由十个职家①负责制作表千家、里千家、武者小路千家这三个千家②喜爱的茶道具，其中有袋师③土田家、釜家④大西家等等。职家从千利休的时代开始，将茶之美制作成形，由此与千家一同，为茶道的发展献力至今。

这个概念实际上同当下我们举办"大日本市"在做的内容，基本上是相同的。陶瓷器当属丸广（Maruhiro），针织品当属米

---

① 职家：专门为千家生产茶道用具的十个家族。
② 千家：日本传统茶道流派中表千家、里千家、武者小路千家三家的总称，以千利休为流派始祖。
③ 袋师：专门制作茶道用布艺茶具的传统匠人。
④ 釜家：专门制作茶道用茶釜的传统匠人。

诺（Mino），干果当属堀内果实园，麻则当属中川政七商店等等，日本各地的工艺厂商聚集在"大日本市"的名下，是这样的一个构图。

但是，那个时候由于能力有限，就算我们和厉害的工艺厂商打招呼，人家也不愿意正眼瞧我们。一直等到"粹更"走上轨道，之后又在咨询服务方面做出成绩后，这个构图才终于成形，也就有了现在的"大日本市"。

如此，即使是当下还办不到的事情，也不要放弃，别把这件事情忘记了，但是也不要过分拘泥于此，在每个当下做好该做的事情，坚持稳步地前行，成功总有一天会到来的。我想这种不屈不挠的韧性，在开展经营的过程中，也是必不可少的。

说回我们给森大厦做的展示。当时"粹更 kisara"的商品也不怎么齐全，因此在展示时，着重突出了中川政七商店有着生产制造网络，能够提供大力支持这一优势。

自我感觉展示做得还是不错的。但是一个月过去了，两个月过去了，还是杳无音讯。要是落选了便落选了，差不多也该把结果告诉我们。我实在等得不耐烦了，便决定主动向森大厦那边打听一下，也就拨出了方才说到的那通电话。

结果，负责人说"啊，定下来了"，给了我一个多么平淡的答复啊。说心里话，我期待知道自己入选时的画面，能够有更多的成就感，但也无法过分强求了。起死回生的一击，保住了"粹更 kisara"。

我又联络了西纳托，对方比我还为我们高兴。我后来听说，中选率似乎要低于 1/8。千军万马走独木桥，要是没有大家的帮忙我们应该不可能取胜，或许"粹更 kisara"这个品牌本身也都不复存在了。在紧急关头，能够遇见这样好的合作伙伴，大言不惭地说，能够吸引到这样优秀的合作伙伴，这也是我作为一名经营者的一项长处吧。

但是，能够光顾着高兴的，也只有那一天了。从第二天起，许多问题立马涌现在了我的脑海。在房租那样高昂的头等地段，怎样才能盈利呢？店铺该怎样设计？商品开发来不来得及？……压力很大，要做决定的事情又太多，简直要把我压垮了。

借此机会，我们将品牌概念修改为了"日本的礼物"。其中承载着我们的两大愿望：一是想要把它打造成为能让人们觉得"要挑礼物，就去'粹更 kisara'"这样的品牌，二是希望能够将自古传承下来的精粹送到下一代的手里。

接下来到开业前的一年多时间里，真像我写的一样，每天都是惊涛骇浪。2006 年 2 月 11 日，"粹更 kisara"的旗舰店在表参道之丘开业了，我永远也无法忘记这一天。

然后，很快我的想法就再一次得到了印证。要创立一个品牌，做零售绝对是有成效的。默默无名的日子像是泡影一般，表参道店刚刚开张，"粹更 kisara"就一下子走红了。

第二事业部的旧事务所，
过去商品的库存也放在事务所里。

第二章

家业变企业

企业的框架日趋成形了

2006年2月，"粹更kisara"第一家门店在表参道之丘一开业，过去的所有不如意像是烟消云散了一般，各种开店和合作的邀约纷至沓来。第二年，东京中城（Tokyo Midtown）于东京六本木落成，在其中租下商铺的家居用品、杂货商店中，就有五家提出想要进购我们的商品。

话说回来，我起初就知道东京中城开业时，他们打出的概念就叫作"新的日本的价值"，同"粹更kisara"的风格非常协调。而且，对方也曾邀请我们进驻。但是，事情的来龙去脉是这样的。因为表参道之丘那边已经先一步定下来了，在这些租金这么高的地方，没办法一下子把两家店都开起来，我们只好选择把东京中城这边的开店计划先放一放。

当时非常流行在新开业的商业设施等中，加入一些日式的元素。但是，摆放在柜台上实际能够畅销的商品，选择却是寥寥无几。大批函询向我们涌来，大概就是出于这个原因吧。不用多说，招商方也不可能为了卖不出去的商品，把商铺随便租出去。因此，在表参道之丘持有门店这件事情本身，就证明了"粹更kisara"的实力。

赢得好评的不仅是商品。商店概念以及商店的名片、购物袋等同平面设计相关的备品备件和商标，是请教了山口信博先生的意见制定出来的。山口先生主持折形设计研究所，是一名设计师。另外，经由他介绍的小泉诚先生亲自着手的店铺设计、销售员的接待服务……所有的这些交织在一起，有力地述说着"粹更 kisara"的品牌故事。

过去，许多一流的家居用品店，就算我们上门推销，也不受待见。但现在有更多这类店铺愿意联系我们，想要采购我们的商品了。我依然无法忘记，实际看到我们的商品摆放在这些店铺里时，有多么感动。自己从零创立起来的品牌，首次得到世人的认可，这让我发自肺腑地感到开心。

2006 年 2 月开业的"粹更 kisara"表参道之丘店

在"粹更"的内部，我们也首次向采购发起了挑战。将符合"日本的礼物"这一概念的其他厂商的商品采购进来，同自家商品摆在一起。虽然这是经营一家店铺非常理所应当的一件事，但是对于一直以来身为厂商的我们来说，却是头一回体验。

公司内部，谁也没有采购的经验。由曾经担任过表参道之丘店店长，后成为"粹更 kisara"品牌经理的石田香代女士率领大家，从开拓采购对象到发送订单的业务，摸爬滚打地慢慢建立起了采购的机制。自家商品、与其他厂商联合开发的商品、采购进来的商品一应俱全，可以说"游中川"以及中川政七商店店铺的原型，就是在这个时期形成的。

此外，"粹更 kisara"实现飞跃的背后，还有商品管理、进货出货、财务会计、业务系统等公司管理框架方面的支持。说起来也绝没有达到非常厉害的程度。对于一家普通公司来说，也不过是中间水平吧。但是对于中小企业来说，却实为不易。

首先看财务会计。我进公司时我们甚至无法正确地统计出各个部门各自的盈亏情况。虽然当时身为社长的父亲，要我努力将经营杂货的第二事业部扭亏为盈，但是，由于原先没有汇总不同部门各自的销售管理费用，我也不知道这个赤字究竟有多大。

进公司后，我很快就导入了会计软件，并尝试着将各个部门分开管理。然而，有时或是因为分给不同事业部的销售管理费用或多或少不太合理，即使金额相同的同一笔费用也会记到不同的项目中去，或者是因为原本按月结算后自动扣除掉的经费又一笔一笔地出现了，先不说财务会计的问题，管理会计的体系就太过粗糙了。结果，到明白各个部门盈亏，我们花了两年有余的时间，到那时，第二事业部也成功转向盈利了。

业务效率同竞争力的关系

商品管理和进货出货，到某个阶段之前还是非常轻松安逸的。总部大约一半面积都用作仓库使用，出货的工作也就在这里进行。忙的时候即便聘请兼职，人手也不够用，公司上上下下全员出动，这样的情况也屡见不鲜。但是，随着营业额、出货量的增长，这种办法也慢慢到了上限。总不能连哪个是公司总部，哪个是仓库都分不清楚吧。于是，我们于2004年委托物流仓库，来承包商品的保管、库存管理、拣选、捆包、发送等工作。

就在这不久前，中川政七商店导入了单品管理系统，开始使用日本通用商品编码（JAN CODE）来管理商品。没有这个编码的时候，百货商店会要求我们在每一个商品上都贴上自己店铺的标签。如果就这样卖出去了，倒是没有什么问题。但是，如果顾客因为某些原因又折回来，把货退回到了其他的百货商店去，那么就需要撕掉已经贴上的标签，重新贴上新的店铺的标签。当时我们还在主打批发，因此这对于我们公司来说，也是一个沉重的负担。

搜索一番后，我发现有一个由日本工业标准（JIS）制定的标准的商品标识，即日本通用商品编码。一个商品对应的编码全世界只有一个，因此不论走到哪里都是直接通用的。这样一来，库存管理和交货都会轻松许多，成本据说也只要缴纳一个注册管理费。我立马决定引进到公司。

但是，我们的动作似乎太快了一些。2002 年的时候，即使是百货商店，也还有许多无法使用日本通用商品编码的柜台。服装店情况还好，像是生活用品和绸缎柜台，有的甚至连日本通用商品编码是什么都没有听说过。有的时候没有办法，我只好现学现卖解说给百货商店的员工听，对方才终于愿意配合我们。

大公司的信息技术应用水平，未必就很高。从旧的系统过渡到新的系统，需要成本和时间。一旦提高效率，又会出现劳动力的剩余。有各种各样的理由，不过不论是哪一条，和"一身轻"的中小企业，都没有什么关系。减轻现场的负担，将经营资源集中到关键业务上，身为中小企业，才更加需要灵活运用信息技术，同时还要不时地做一做客户的思想工作，请他们愿意配合我们吧。

回到刚刚的话题，通过有效利用物流仓库，我们好不容易才引进的日本通用商品编码，也大大派上了用场。进货、分类、保管、出货、盘点等等，能够实现全套管理的日本通用商品编码是一大前提条件，有了它才能将物流业务外包出去。

幸亏引进了通用的商品编码，我们非常顺利地找到了朝日（Asahi）仓库，仓库基地设立在位于奈良和大阪县交界处的生驹郡。起初的空间只有几十坪①，现在已经扩大到了 500 坪，

---

① 坪：源于日本传统计量系统尺贯法的面积单位，主要用于计算房屋、建筑用地的面积。一坪约合 3.3 平方米。

库存的管理也拜托给了这家仓库。

其实，在遇到朝日仓库之前，我们还有一次惨痛的经历。对方是一家请当地一家金融机构介绍的公司。原先具体内容都谈得好好的，不想对方突然单方面要求中止与我们合作。

已经为此准备了很长时间，不可能简单作罢。总之想要讨个说法，我就直接跑到对方公司去了。结果，却被几名身强力壮的保安挡在门外，连进也进不去。那个时候，我心想怎么会有这么不讲道理的事情呢，对随便就把这家公司介绍给我们的金融机构也感到非常生气。不过，紧接着我们请会计事务所帮忙介绍，认识了现在的合作伙伴朝日仓库。从结果来看，还是好的。想到当时如果真要同那样麻烦的仓库公司合作，我不禁脊背发凉。

建立起能够配合零售的业务系统，要等到表参道之丘店开业的 2006 年春天。我进公司前，针对批发的销售管理系统，公司也是有的，但没有为零售考虑的系统。因此，据说当时店铺里每卖出去一件东西，都要记录下它的商品编号和售出的数量，闭店后再进行汇总、传真到公司总部，由负责销售部门事务性工作的女性员工拼命地把数据打到系统里，效率极其低下。

零售的销售额越高，事务性工作的工作量也越来越大，但是实在不可能光为了三四家店铺就去投资用于零售的系统。到有十个门店之前，暂时想办法忍耐一下吧。我一直抱着这样的想法，直到加上"游中川"，在表参道之丘店正式开业的"粹更

kisara"成为我们的第十一家门店，我的夙愿才得以成真。

不用说，最开心的是店里的员工们。能够实时、准确地确认库存（过去要打电话到总部，有很大概率会出现觉得应该有的商品结果发现并没有库存，觉得应该已经没有了的商品还剩下一些的情况），闭店后也不用再汇总数据传真到总部了。与此相对，能够分配更多的时间到接待上，让顾客久等的情况也变少了。也就是说，服务的品质得到了提升。

同商品和店铺、网站等相比，这些背后的部分，从外部通常很难看到，但我却认为它们是决定我们竞争力强弱的一大重要因素。我以前写的几本书，主要都是围绕设计和品牌战略，几乎没有机会谈到这些内容。我又认为企业想要在竞争中保持优势，那么，就必须提高业务效率和品质，所以选择在这本书中谈一谈我的想法。

在提供咨询服务时，我们也会告诉做工艺的中小企业，首先要从改善业务流程和生产管理这些方面着手，其次才是新商品的研发和品牌的塑造。不仅仅是工艺领域，小地方的中小企业多数都像过去的中川政七商店一样，没有打好基础功底。毫不夸张地说，哪里看得到"经营"的痕迹呢？光是将做好这些理所应当该做好的工作变成一种常态，公司的面貌就能焕然一新，也就可能在业内名列前茅了。

有了独家的战略和出色的战术，却不具备付诸实践的能力，那也不过只是纸上谈兵。我们需要放眼业务的中期发展，踏踏实实地来改善自己的业务。

员工们竟也有这样的忧虑

"人",也是企业竞争力的源泉,这一点,不能忘记。我刚开始着手改革,老员工们就接二连三地辞走了。到两年后,大家几乎已经走得精光。想要招新,身为一家小地方的中小企业,也很难召集到让人眼前一亮的人才。因此,我一直为人的问题大伤脑筋,同时也希望能够同优秀的人才一同共事,因此很早就认识到了这一问题的重要性。

但是,也就是直到这十年,我才开始懂得,什么叫激发员工的动力、发挥员工的潜能,什么叫步调一致地往前走。

自己为公司付出的时间和心力无人能比,因此自认为应该由我来决定公司该往哪走、该走多快。当然,有的工作需要设计和生产管理等方面的专业知识和经验,因此也需要分工合作。但是,我当时设想的是,在我所描绘的地图上,请大家在各自的工作岗位上发挥才能,我认为这就是组织能力了。

我的这般想法发生变化,是起因于一名兼职员工的一句话。在那个人员招聘和人事制度还没赶上业务发展速度的年代,担任店长的员工,也只是兼职。其中一名兼职工有一天冷不丁地对我说了一句:"我不太明白社长在想什么。"我还记得,那是 2005 年的时候。

"就算不明白我在想什么,全都已经吩咐下去过,该做什么总明白吧?"她又答道:"的确是这样的。但是,要是明白了社长在想什么,有的事情明明我们自己就能够判断决定,也能把工作做得更好。"这名员工并非是那种沉着稳重、积极主动的类型,她这么说,真是令人意外。这句话,重重地打在了我的心里。

诚如她所说的,一直以来关于该做什么,我都下达了具体的指令,但是对于为什么要这样做,这样做能够得到什么成果,我一直都是闭口不谈的。公司事业蒸蒸日上,但员工和我的距离却越来越远。我开始思考,在店铺和员工数量不断增长的背景下,作为一家公司想要做大做强,就必须要简明易懂地告诉大家中川政七商店为什么而存在、想要达成什么目标即理想,以及为实现这一目标所重视的价值观。

这个时期,我正巧在计划革新我们的人事制度。首先,要把过去兼职的员工全部转正。其次,在废除家庭补贴和住房补贴等一系列补贴的同时,实行年薪制度,我们想要从名和利上都好好答谢已经做出成绩的员工。

家庭补贴和住房补贴容易被用于优待那些上有老或下有小的中年男性,不太公平。在我加入以前,在中川政七商店里做销售的男性高高在上,坐办公室的女性在下,等级序列异常鲜明。过去,茶道具是公司的主力业务,因此第一事业部中这种现象尤为明显。我强烈地感到,必须建立一套同年龄和性别都无关的、通过行动和成果来考核员工的、公平的制度。

引进新的制度前,为了听一听员工们的意向,我决定做一次问卷调查,其中顺便设计了几个问题,询问大家对于不仅是人事制度，还有对公司前景的看法。不想调查结果完全出乎我的意料。全体员工的七成都对公司的未来感到不安，尽管业绩在持续地增长啊。

"我的想法完全没有被传达过去呀！"这是我当时的真实感受。错不在员工，而在于自己。不论是眼下取得的业绩，还是今后的计划，除了部分骨干，我没有告诉任何一名员工。更别说理想和理念，从来没有被挂在嘴上。

从茶道具到杂货、从批发到零售，业务内容不断地变化，却不加以任何说明的话，员工们感到忧虑，也是理所当然的。借此机会，我开始认真地思考如何清晰地向员工们展示公司发展的方向，即愿景，以及让员工们目标一致向前进发的方法。

这些心理变化，也体现在 2007 年写下的中期计划书中。"要振兴从事传统工艺的厂商、零售店！"我一直以为萌生这一想法，是在更晚的时候。这次翻阅以往的资料时，找到这一内容，还让我大吃了一惊。措辞上虽然有一些差异，但内容上同现在的"振兴传统工艺"相差无几。总之，我和员工们谈公司的理想，在中期计划书的基础上展望公司三年后、五年后的景象，就是从这时开始的。

齐"心规"

当然，想要光靠一个愿景，就让员工们并肩前进，这是非常困难的。让每一位员工都能够心悦诚服地，通过每天的工作，共同朝着一个方向进发，就必须要开动脑筋想办法，还要开展员工教育。在中川政七商店里应运而生的，便是"心规"——讲述工作中需要做好的思想准备，以及"工作的准则"——在开展日常工作中用于判断的标准。

"心规"总计十项，每一项都是非常简单的道理，但并非说只要循规蹈矩地一一遵守，就能够有更加深刻的理解。我们希望大家能够自己去体悟其中的深层含义。我一直习惯一有机会，便用自己的话，解释给员工们听。此外，我们每月都设有一个"每月的课题"，把时不时想要传达给大家的重要事项汇总起来，通过邮件形式发送给全体员工。其中，也多次提到了"心规"。在此摘出部分，介绍给大家。

"心规"

一、要端正

对自己、对顾客、对客户、对同事、对社会，都"要端正"。不论对谁，自己的心中一定要有一个自己认为"正确"的姿态。换言之，也就是要端正做人。在工作场合，我们往往明明知道什么是正确的，却会找出各种各样的理由，不去做该做的事情，或是不小心做了不该做的事情。不能习惯于走歪路，牢记"要端正"，遵守这一条来行动。

二、要诚实

所谓诚实，指的是要真诚、有一颗真挚的心，是换位思考的能力，是不说谎话。觉得只要自己（自己公司）好就好了，抱着这种想法，是走不远的。说谎也是一样，总会说破。帮助别人，最终也就是帮助自己。要为他人着想，真诚地工作。要诚实。

三、自豪感

希望大家对于自己的工作，抱有自豪感。不论是兼职，还是正式员工，只要认真地卖力工作，拿出自己看来满意的成果，就能够生出自豪之情。这样一来，接着要想着去做自己问心无愧的工作，那么自己心中对于感到满意的标准，也会慢慢地提升。首先是选择自己能够引以为豪的工作、投入到工作中去。然后，要无愧于这份自豪的工作。这样的员工越来越多，公司自然也会成为值得大家引以为豪的公司。

四、有品位

所谓品指的是物品的优劣档次，品位指的是人自然具备的人格价值。我们很难从理论上来衡量，什么才叫作有品位，它的评判标准也是多元的。而且就算没有，也无伤大雅。但是正因如此，我们希望成为一家有品位的公司、一个有品位的品牌。在中川政七商店，品位的含义究竟是什么呢？请大家自行感受、思考，自觉地选择有品位的生活。

五、向前看

我们在工作中，会吃许多苦头。在这种时候，要学会反省，有时要愿意服输。这是因为，一分耕耘，才有一分收获。但是，请永远面向前方。遇到强风，可以眯起眼睛，站在原地，但请不要低下头或向后退缩。这样的话，总有一天我们能够睁大双眼，重新迈出步伐。真挚而坦率地直面人生。这就是"向前看"。

六、坚持走

世界瞬息万变，要求我们时刻准备着。被追赶的时候，更不能停下脚步。有时，我们也会去思考跋涉的意义，但的确有一些风景，是坚持下去才能看到的。坚持走吧。

七、有自信

谁也不知道，工作中的正确答案是什么，相信自己吧。如果对于做过的判断和行为感到后悔，人就会越来越没有自信，更加不愿意去思考和行动了。而这种胆怯的心理，更容易让我们在思考和行动时犯错。因此，我们只有相信自己。

八、尽全力

想要相信自己，只有竭尽全力，别无他法。对于力所能及的事情，我们必须要全力以赴。尽全力后，就能够相信自己了。

九、要谦虚

"自豪"和"自信"，同"自谦"，并不矛盾。正是那些对自己感到自豪、有自信的人，需要学会保持谦虚。承认自己的不足，对于自己，对于身边的他人，都不能忘记保有一颗谦虚的心。

十、要享受

工作占据了一天中的很长时间，因此，如果工作起来没有乐趣，实在是一种煎熬。怀抱着自豪感投入到工作中，完成自己的使命，做出成果来，大家一起来怡然自得地工作，这就是我所理解的"享受"工作。希望大家都能开心地工作，希望我们能够成为一家有趣的公司。

在制定"工作的准则"时，我借鉴了东方乐园（Oriental Land）设计的行为法则"SCSE"。按照优先次序排列，这个法则分别由安全（Safety）、礼貌（Courtesy）、表演（Show）、效率（Efficiency）四个英文单词的首字母组合而成。这一行为法则一举成名，是在东日本大地震的时候。

东京迪士尼乐园所在的千叶县浦安市，土壤液化灾情严重，在这种即使引起慌乱也不足为奇的关头下，演职人员（东京迪士尼中工作人员的称谓，Cast Member）处理得非常漂亮。为了确保七万名游客的安全，缓解被困在园内无法回家的两万名游客的不安情绪、帮助他们避寒，演职人员们自行判断，将平常放在并不引人注目的角落里的纸箱以及园内销售的饮料分发给大家。没有比营造出一个让人感到安全、安心的空间更重要的事，"SCSE法则"深深地扎根在了演职人员们的心里。否则，他们也不可能有这样精彩的表现吧。

我们中川政七商店"工作的准则"，由关怀、美感、积累三点构成。首先优先的，是对于他人的关怀。其次要有审美意识。

"政七节"上的工作坊（Work Shop）
（2016 年 8 月，于堂岛酒店）

最后是积累，为未来的工作做铺垫。对方的感受、自己的意识、工作的积累，我们把这三条作为判断的标准。

每年一次召开的"政七节"，也正是为此。这就像是一个公司年会一样，全体员工齐聚一堂，围绕一个主题展开讨论或是举办小组活动（Group Work）。2007年第一届的主题为"纽带"，它反映了员工们当时发现的一个问题——不太了解其他部门的工作内容，没有"一体感"。

共享价值观，将公司的愿景植入到员工们的心中，这并不是我们的终点，现在我们依然在千方百计地摸索着让大家齐心协力向前走的办法。

四处流传的匿名信

紧接着很快发生了一件事，让我觉得先行调整了人事制度，让员工们一条心地凝聚起来，真是太好了。一封诽谤中伤中川政七商店的匿名信，被投到了我们进驻的购物商场的运营公司和百货商店，甚至还有同我们有合作的一家金融机构那里，是以向日本公正交易委员会①举报的形式。

迅速将匿名信事件告诉我们的，是与我们交好的地铁站内商铺厄科特-神奈川（Ecute Shinagawa）。看到传真过来的内

---

① 日本公正交易委员会：为执行日本反垄断法，成立于1947年，现下设于日本内阁府的行政机关。其主要职能为限制私人垄断及不正当交易等。

容，我不禁怒气上冲。这封信造谣中川政七商店号称为国产的商品，但麻料其实是在国外生产的。这简直就是凭空捏造的诽谤中伤。

我祖父这一代，即第十一代巌吉当家时，麻料的生产基地基本上都转移到了海外。想要在国内确保足够的熟练织工，越来越难。究竟是选择机械化大生产，还是转移到海外，在这艰难的二选一中，祖父巌吉思来想去，决定在韩国亲自培育手艺人，选择走将手工纺织的技术继续传承下去这条道路。之后中川政七又将生产据点移往了中国，因此我们现在都是通过进口在中国织成的麻料，在日本制作我们的产品。但是，号称是国产，是从未有过的事情。举报信中所说的，完全是一派胡言。

听闻这个消息，是在晚上过了七点钟。我赶忙向与我们交好的其他机构的相关人士打听，发现有的地方也收到了邮件。百货商店等对于不正当的标识内容，把关得尤为严格，只要认为商品存在疑点，就可能会把它撤下柜台。不紧急对应的话，事态将变得非常严重。我感到体内肾上腺素上涌的感觉。

我一边准备通宵写一篇逻辑缜密、条理清晰的辟谣文章，同时又同所有店长说明了事情的来龙去脉，吩咐大家明天一早就让各个店铺的负责人带上这篇文章去和客户说明情况。需要特别慎重对应的百货商店等，就由我亲自前往。

如果某一家百货商店说要等到水落石出、真相大白之前，先把中川政七的商品撤下柜台，那么其他的商店也可能会采取同样的办法。一旦被撤下柜台，想再回去，就不是那么简单的事情了，这不难想象。因此，我决定亲自登门解释。谢天谢地，我们终于请对方理解这完全是凭空捏造，总算大事化小、小事化了了。

另一方面，金融机构的反应让我有些泄劲。他们似乎每天都会收到这样的诽谤中伤举报，也不觉得稀奇了。我们不知道是这样一个情况，殊死奋战，因此在各处赢得了危机管理能力很强的评价。能够这样快速出动、正确应对的，再无别处了。

其中我特别高兴的是，大家对我们店长阵容的赞扬。"店长们信心满满、有理有据地解释这件事，反而让我们觉得更加信赖了"——没有比听到这样的评价，更觉得她们是如此可靠的时候了。让她们成为我们的员工，真好，我发自内心地这样想。

如果当时店长们都还是兼职，会出现怎样的局面呢？她们应该也一样会为公司四处奔走。但我不知道，她们能否坚信着"我们绝对没有说谎"，以饱满的热情向购物中心和百货商店的人们解释，让对方刮目相看。能够让店长们认为，是"我们"的公司，这比什么都更鼓舞人心。

巅峰状态拉开帷幕！

员工们士气高涨，推动公司的业绩也不断走高。此后，现有店铺从 2006 年 12 月到 2009 年 3 月，实现了营业额长达 28 个月的连续同比增长。

另一方面，公司的口碑越来越好、知名度越来越高，我们开始在各种各样的场合，看到员工们期待达到的工作质量同自身实力之间的落差。其中，在同创意相关的工作上，呈现出来的工作成果一目了然，差距尤为醒目。

回想起有一次同二期度假村（NIKI Resort）——酒店二期俱乐部（NIKI Club）的运营方，酒店位于栃木县那须市——共同开发婚礼原创礼品。当时曾经作为创意总监加入的设计师、日式点心店东谷（HIGASHIYA）等品牌的主理人绪方慎一郎先生，对于我们公司设计师的工作，到最后关头都没有点头。理由是觉得选用的材料和设计的外形还不错，但是平面设计不过关。

改了好几个版本，到了截止期限，通通上交，但最后还是由绪方先生麻利地完成了。看看完成的作品，的确，绪方先生那边的要更好。虽然遗憾，却不得不承认自身的水平有限。

并不是要帮我们的设计师说话，只是这名设计师学的是纺织品设计专业，在平面设计上有所欠缺，也可以理解。当然，我们公司已经做到了这样的规模，还出现这样的问题，就说不过去了。不论是平面设计，还是产品设计，只要是设计，就应该要一把抓，在实践中积累经验，增强每一项的实力。

不过，在公司外的行家看来，不够十全十美，这也是理所当然的，绪方先生给出的否决可以说也属于此类吧。我们的设计师本人却似乎打心底觉得不甘心，马上给大学时代的恩师打电话，请对方帮忙介绍关于平面设计的课程，休息日时就去走读，从头开始学习。

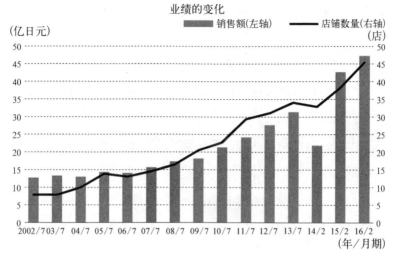

业绩的变化

（亿日元）　■销售额(左轴)　━店铺数量(右轴)
（店）

（注）2014 年 2 月期为 7 个月的决算①。

　　几年后，我们需要在"粹更 kisara"原先的商标下面加一句品牌理念（Tag Line），类似同商标（Logo）写在一起的文案（Copy）和宣传标语（Slogan），我决定把这个工作交给她。完成的品牌理念无可挑剔，还得到了负责我们室内装饰的小泉诚先生的赞赏："公司里还有这么专业能干的平面设计师啊。"现在，她已经成为了我们的王牌设计师。

　　内部（In-house）设计师身上，有身为公司员工才具备的强项，但也无法否认他们容易松懈，往往容易忘记，自己是靠设计在吃饭的。因此，有机会同外部的设计师一同工作时，我

---

① 2002 年 7 月期的统计期间为 2001 年 8 月 1 日至 2002 年 7 月 31 日，为 12 个月决算。2014 年 2 月期的统计期间期为 2013 年 7 月 1 日至 2014 年 2 月 28 日，为 7 个月决算。

都会尽早地带上我们公司内部的设计师，让他们看看、学习学习一流的行家是怎样工作的。

他们迎来的不论是掌声，还是被批得一文不值的骂声，或是因为实力难望他人项背内心咯噔一声，这些触动都一定会成为自己的财富。如果自己没有达到专业的水准，那么我们也无法最大限度地调动出能与外部一流人才相比肩的能力。我想这个道理也不仅限于设计吧。

然后，我自己也很快遇到了一位左右中川政七商店后来命运的行家。

二〇一〇年春竣工的新办公楼（位于奈良市东九条町）。公司理念为『未来的町屋』，兼作事务所、仓库和展示空间。

第三章

愿景浮现

同水野学的相遇

有一个人，要是没有他，或许今天的中川政七商店就是另一番模样了。他，就是创意总监水野学先生。

许多经营者抱怨"没有好的设计师"，不少设计师会流露出类似"经营者净是一些不理解创意的家伙"的不满。但是我与水野学先生能够相遇、互相信赖、为各自的事业增添裨益，我发自肺腑地觉得真是太幸运了。

但是，这一幸运既不是从天而降的，也并非是不择手段赢来的。其他经营者也常常会投来羡慕的目光，因此在此想为大家介绍一下我招来好运的独家秘籍。

大家听起来可能觉得很夸张，这个秘籍实际上不过是我给水野先生发了邮件，主动跑去见他，仅此而已。但是，似乎能够主动做到这些的经营者并不多。正常情况下都是经由别人介绍，或是一开始就由公司员工作为对接窗口。当然，我也会采取这些办法，只是在碰到不可多得的人才时，都会直接联系对方，亲口交谈，也会认真观察对方的反应进行交涉。

2008 年，"游中川"迎来公司成立二十五周年之际，我一直在计划着重新设计我们的商标以及购物袋、商店的名片等的平面设计。在考虑人选时，我手里正好拿着《平面设计入门》（PIE BOOKS① 出版）这本书。

---

① PIE BOOKS：1985 年 8 月成立的出版社，后由 PIE International 吸收兼并。

对于平面设计师来说，日本平面设计师协会（Japan Graphic Designers Association，JAGDA）新人奖，以登龙门般的存在而著称。这本书采访了 2003 年获奖的三名行业泰斗以及当时势头非常强劲的设计师。书中既展现了设计师们的不同个性，内容又颇为有趣，其中给人印象最深的便是水野学先生。光是阅读这本书，就能强烈地感受到他引领着其他人、游刃有余的控场能力。

设计师的工作，即通过设计同观众交流，因此优秀的设计师在与人沟通时，能够较好地把握沟通的技巧。反过来看，面对面都无法顺畅交流的人，应该很难通过设计来间接地展开对话。

这是我一贯的想法。我想见一见有着非凡控场力的这名设计师，于是，在浏览了水野先生的公司主页后，便向对方的公司邮箱发了邮件过去。

当时，水野先生手头已经有不少大项目，在行业内名气很大，但我并没有为此踌躇不安。我所尊敬的一名前辈经营者，"MARKS&WEB"的社长松山刚己先生似乎还说过这样的一句话："到现在我才觉得中川先生同水野先生是平起平坐的，但那个时候可不是。"尽管他夸奖我自不量力地跑到别人那去的轻松心态，但我本人并不自知。

越是一流人士，只要条理清晰、诚心实意地拜托人家，都会真挚地给予答复。既然要找，不如就找一流的。因此，不论对方是什么大人物，到了必要关头，我都会壮起胆子去尝试接触一下。

只是到了面对面的时候，我不会添油加醋地夸大自己，也不会空口说白话，而是正反两面都坦诚地告诉对方。这一点，在接受媒体采访时，以及面对员工时，也是一样。

因此，当时我也只是向水野学先生介绍了中川政七商店和自己，在此基础上，表明自己正在考虑重新设计"游中川"的平面设计，只是还不知道是否要委托这份工作，希望能同他见上一面。不知道是不是我的坦诚奏了效，水野学先生慷慨应允。

结果，初次拜访那天，我们一下子聊了足足三个小时，远远超过了预定的时间。越聊，我发现在阅读那本书时得到的直观感受，愈加得到了印证。要告别的时候，水野学先生对我说："慢慢考虑，再决定要不要合作"，但我心里已经有了答案。我决定正式将这份工作委托给他后，然后就离开了水野学先生的事务所。

寻找右脑的伙伴

接下来，我请水野学先生亲自到"游中川"的店铺里来看看，不料我们第三次碰面时，他带来了一份令我惊诧不已的提案书。上面写着："中川政七商店现在的不足之处。"

诞生于奈良这一座即使在日本也称得上非常特别的城市里，中川政七商店有着近 300 年的经商历史，这样的品牌是求之不得的。不充分利用这宝贵的财产，实在太浪费了。水野学先生这样指出。

分明只是委托他来重新设计我们的商标，对方却管到我们的公司、管到经营的事情上来了。或许有的经营者会觉得，一个设计师怎么这么爱插手呢，而一下子发怒。但我完全没有这样的感受。

一个原因，在于水野学先生所说的"不足之处"，的确有我认同的地方。地球上最为中川政七商店花费时间、呕心沥血的，当属我了吧。即便如此，或许，正因如此，也有一些自己没有看见或是没有意识到的地方。我想水野先生的提案，正切中了这些要害。

此外，另一个原因，我自身可能也没有觉察到的是，自己也在渴求一位对事物有着不同感受的合作伙伴。想要成功实现创新，需要具有逻辑性、能够理性思考的左脑，同具有创新性、能够从零创一的右脑展开通力合作。彼得·德鲁克（Peter Ferdinand Drucker）指出这一点，是在三十年前了，但我现在依然觉得，能够自由切换左右脑的重要性日益凸显。

人们多认为经营者偏向左脑类型，我想自己还算是比较平衡的。但是充其量也不过是逻辑性七分、创造性三分吧。在调动组织、开展事业的过程中，无论如何都需要讲逻辑的场面的确越来越多，但是光凭这一点，我们很难在同样一味靠讲理来经营的其他公司中脱颖而出。也就是说，有的答案，光靠逻辑性思维，是无法找到的。

举一个例子吧。我开始向水野先生咨询除设计外的其他事项后过了一阵子，有一次，我问他对于进驻商业设施有什么看法。根据我的判断，我们的营业额是能够达到开店标准的，但是水野先生的答案却是："可能业绩上不会太好看，但是对品牌来说是有益的。"

关于如何评价、测定品牌的价值，人们已经开展了各种各样的研究，但是我听说至今依然没有一个能让大家心服口服的评测模型。水野先生也并没有通过精密的数值，来比较到哪片地区开店或不开，中川政七商店的品牌价值会有什么变化。

要说抽象，这的确是一个抽象的概念。所谓品牌和人们的喜好，本来就是这样有些捉摸不透的东西吧。它存在于人们的

2009 年 3 月开业的"游中川"东京中城店

脑海中、内心中，很难换算成金钱。而正因如此，人们才需要那些富有感受力的鉴赏家吧。

最终，我决定开店。也就是 2009 年开业的"游中川"东京中城店。我并非是听从了水野学先生的意见，而是听取之后自己消化理解了，站在经营者的立场上最终作出了判断。不过，虽然我们的店铺经常会登上杂志，营业额却没有醒目的涨幅。水野学先生的预测是准确的。从此往后，我也经常会向与我有着不同视角的水野学先生请教。

愿景浮现的瞬间

许多经营者都为同设计师处不好关系而烦恼，要说他们同我有什么不同，我想区别应该在于是否具备关于创意的素养吧。为了最大限度地引导出满意的效果，这是一项思考什么是创意的、必须具备的基础能力。

素养和品位还不相同。一般说来，经营者自身在创意方面，既并无品位，也无技术，因此也无法自行思考什么是设计，更不可能动手去做。但是，只要有了素养，我们就能够理解创意所扮演的角色，明确设计的意图，即通过这一设计想要实现的目标。换句话说，如果不了解这些内容，就把工作全盘交给专业的设计师，那么不论花多高的价钱、聘用多么有名的设计师，理应都很难得到自己满意的成果。

我回归家业以后，就在努力培养同创意相关的素养。设计，说到底是一种沟通的手段，在理解这一点的基础上，我先是看了许多的设计，然后自己通过商品的销路以及在社会上引起的反响，来分析和理解它的效果。像棒球中的防守练习，只要好好地下功夫去做，这些量变终有一天会迎来质变。而掌握了素养，我也有更大的概率能够遇到像水野先生这样优秀的合作伙伴。

在这里重要的是要转换视角，去选择具备经营素养的设计师。商业设计的好坏，最终会呈现在它的结果，也就是销路和反响上，然而却有不少设计师不理解这一点，或是不想要去理解这一点。我自身过去就有同类似设计师共事的经历。设计出来的店铺往往很漂亮，也会经由媒体多次介绍给大家，但是关键的营业额却不见起色。就算同设计师沟通，希望更换店铺的设计和布局，对方也是一口咬定"没有必要变更"。虽然没有说出来，但是对方分明就是一副销售额高低不在我的责任范畴之内这样的态度。如此一来，什么同舟共济，无论如何也是痴人说梦了。

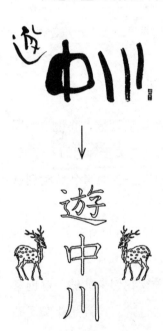

自创业时起一直使用的商标，是榊莫山先生的书法。后变更为水野学先生创立的公司（Good Design Company）的设计。新的商标上放有两头鹿。

最终，我选择换了一名设计师。

这段痛苦的经历，也让我深刻地意识到，作为一名经营者，自身需要培养关于创意的素养，与此同时，还要去选择能够理解什么是经营的设计师。

认清设计师的特性和实际业绩，不是靠像知名度和代表作品等含糊的东西，而是要看实打实的成绩，在所参与的工作中取得了什么样的成果，再根据目的和情况决定是否擢用。这种创意管理（Creative Management），已经成了经营中越来越重要的一大主题。即使经营者不是直接去同设计师对接，也需要有充分的理解和制度保障，需要公司坚持政策上的一贯性原则。否则，经营和创意之间，永远也无法等来幸福的关系吧。

实际上，"振兴传统工艺"这一中川政七商店所描绘的愿景能够诞生，也与水野先生有关。

从事日本工艺的厂商和产地，能够不依赖补助金，在经济上实现自立，抬起头来从事生产制造——想要回归这种状态的愿望，本身就同中川政七商店的生存之道是相通的。这一想法，在我回到公司、度过只管蒙头苦干的最初两三年后，开始浮现在了我的脑海。

因此，虽然无法确定现在的愿景，究竟是什么时候诞生的，似乎如同水野先生所说，"在同我交谈的时候，清晰的轮廓就已经有了"。真相已经无法追踪，但是当时水野先生的那句"这很好，应该加把劲做下去"对我的激励，却是不可辩驳的事实。

另外，在第一次面谈时就委托给水野先生重新设计商标一事，我当然也没有忘记。当时，和提案书一同拿到的，还有关键的"游中川"的品牌标志（Brand Symbol）。经过后期的几次修改，它被确立为现在的放有两头鹿的这一商标。

书 籍 的 出 版

愿景已经描绘出来了，但是我们究竟能够为那些虽然同我们没有直接的竞争关系，但处于同一行业的工艺厂商和零售店做些什么呢？想要振兴日本的工艺产地，可以采取什么样的方式？陷入沉思的日子持续了一段时间。不过，有一点早就决定好了。那就是要"直接建立联系"。

如果我是一名著名的评论家或供职于某家知名的媒体，能够大力地宣传工艺中还有许许多多的潜在价值，不能让日本的好的东西、优秀的技术失传，那么光是呐喊，也是有意义、有影响力的。

但是，我是一名经营者。不能光用嘴说、光靠笔写，还要通过中川政七商店的事业，振兴日本的工艺。我认为为此采取实际的行动，才是自己的工作。倘若如此，不如干脆钻到对方内部，从内而外地改变它们就可以了。意识到这一点，开展专门针对工艺行业的咨询服务这个点子便浮现出来了。

说到日本的手工艺，大家总会联想到以传统作支撑的工匠技术。但是，并非所有工艺厂商都持有那些特别的技术或是有着出色的质量。不，反而更多的都是不具备那些的厂商吧。我们公司自身，过去也是那样的。

随着生活方式的变化，需求有所减少的蚊帐布料，能够运用到其他的什么地方呢？源于这一点子开发出的"花布巾"，成了中川政七商店长期畅销的代表商品。但是，撇开创意，在开发和制造的过程中，我们并没有使用特殊的技术。事实上，其他公司也在销售和花布巾非常类似的商品。即便如此，还是会有许多顾客说"还是得买中川家的"，这实在让我们不胜感激。

这个花布巾，在我回归家业之前，母亲很早就努力将它商品化了。后来我们努力塑造、培育品牌，借此给中川政七商店的商品打上一层镁光灯，使它更容易成为人们的主动选择，这理应也有很大的影响。这十五年间，我也是为此而一直在全力地奋斗。

原本连一件有技术做支撑的商品都拿不出来的中川政七商店，能够这样成长起来直至今天，那么其他工艺厂商也一定能够效仿。要是还有技术力量，就一定能够成长为更加强有力的公司和品牌。因此，尽管我们并没有提供咨询服务的经验，但我确信，只要走我们来时的路，也一定能够让其他工艺厂商焕发生机。

但是，到这里也浮现出了一个问题。我们没有任何实际业绩，有谁愿意前来咨询呢？毕竟小地方的工艺厂商们，几乎都没有听说过中川政七商店以及位于表参道之丘的"粹更 kisara"。

奈良名产、使用了蚊帐布料的招牌商品"花布巾"。可打开、可折叠，用途多样。

我想，既然是这样的话，那就通过写书，让大家了解我们的存在以及想要提供咨询服务的这一想法吧。

不过，就算突然说要出书，当时的我也不过是小地方中小企业的一名经营者罢了（虽然这一点到现在依然基本没有变化），因此并没有出版社会热情地拜托我，请我务必要写。我同有过一面之缘的下川一哉先生——供职于月刊《日经设计》（Nikkei Design）（日经 BP 社）的副编辑——交涉后，对方答应我先做连载，要是得到了好评，可以帮我出书。

连载于 2008 年 3 月刊开始了。从原来的公司辞职进入中川政七商店、改善了财务和业务系统、将重心从批发转向零售并增设直营店、改革人事制度、成立新品牌"粹更 kisara"——不论表里，我尽量毫无保留地写了一通。我心中想要赢得高度评价，为出书铺路的愿望自然是非常强烈的，但同时也因为想要为读者们提供帮助。

在我对于经营和品牌战略还一无所知、艰苦奋斗的时候，我通过阅读各类书籍得到了一些启示和帮助。但另一方面，还有一个问题，当时我并没有找到相关的、符合中小企业面对的课题和实际情况的书籍，因此不得不赤手空拳地孤军奋战。现在我到了写书的一方，我想将在绕弯路时自己找到的办法和答案都毫不吝惜地告诉大家，供那些像当时的自己一样正处在迷茫之中的人们参考。在做连载的时候，这个想法一直在我的脑海中。

不知道是不是我的这一心愿传到了读者们的心中，所幸的是，我的连载文章得到了高度的评价，后于 2008 年 11 月由日经商业出版公司出版的第一本著作《奈良小企业在表参道之丘的开店史》问世了。

第一次看到自己的书摆在书店里，我着实高兴，但是，也不能光顾着开心，因为写书的目的是为了能让哪怕只有一位，当然也希望有更多的读者读到我的书，了解我们的公司。因此，我决定自己去书店做图书销售。补充一句，这一般都是出版社销售专员的工作。

调查后，我发现报纸上的畅销榜会对商业书籍的销路有很大的影响。销量的数据来自几家书店为期一星期左右的销售数量。如果是这样的话，或许总有什么办法可以派上用场。我这样想着，虽然不好大声喧嚷，但总之我一口气买了几百本，想努力让排名瞬间冲上去。

我还做了一些更加直接性的销售工作。其中，譬如拿着手工制作的卖点广告（Point of Purchase）去走访各家书店，让人家都大吃一惊"哪有作者做到这个份上的！"想让更多的人知道我们要提供咨询服务，当然有这份心情，还有就是自己参与制作的东西，哪怕只是一本书，要是卖得不好，我也不能原谅自己。无法否认，我的骨子里流淌着商人的血液，而它已经沸腾了。

经由我的努力，几家书店的店长都愿意亲切地同我说话，也愿意把我的书平摆在相对显眼的位置，这是新人难有的待遇。八年后的今天，这本书改版后，依然在市面上流转着。至今，我依然非常感谢当时给予关照的书店的各位。

成为社长后领悟到的事

就任中川政七商店的社长，是在 2008 年 2 月。在此之前，我的管辖范围是负责运营"游中川"和"粹更 kisara"的第二事业部，经营茶道具的第一事业部原本由父亲一手管理。我接任后，便也开始管理第一事业部。

虽然已经迎来了立春，在寒气依然未褪的一天，我同父亲两人前往位于天理市①的一家寿司店。两人一同外出吃饭，回想这之前之后，发现这也是仅有的一次了。父亲和儿子的关系，大概在所有家庭里都差不多吧，我和父亲两人在一起，既没有什么话题，一谈到工作，又总是说着说着就说得一肚子气。因此，在此之前我从来不曾向父亲商量过关于第二事业部的任何事情，父亲也不曾插嘴。

等着平时并不喝酒的我，只是做做样子，喝了一口由父亲亲手满上的啤酒之后，父亲先开了口："我退离一线，把你推上第十三代社长的位置，在这里我想要先和你说两件事情。"

第一件事，是父亲坦言在自己这一代，中川家的财产亏损到了原来的三分之一。在泡沫经济时代，似乎捅了什么篓子，这我隐隐约约知道一些，因此也没有感到特别诧异。让我感到非常意外的，是另一句话。

---

① 天理市：位于日本奈良县中北部。

"你要把公司搞垮，还是怎样，都是你的自由，随你去就可以了。要是搞垮了，笑着做下去就行。只是有一点，我想先和你交代。不要被任何事情困住脚步。你心里想着要好好保护和传承我们的麻，但是这其实是无关紧要的。把生意做下去，要优先从这一点来思考问题。"

我自认为我已经打破了行业的常规和框子，自由自在地走到了今天，因此觉得更加惊讶，怎么对我还要说这些？但是仔细一想，不论是父亲还是历代当家们，为了在各自的时代挣扎着存活下来，都经历了一次又一次的改变和进化。如果我们只是执着于在奈良生产的麻料，那么中川政七商店早就消失得无影无踪了吧。想到历代当家们的奋斗历程和努力的姿态，或许我还算是在常情之内吧。

不喜欢循规蹈矩，既无家训也无公司方针的一家，不受困于任何事物，要存活下去。这或许是中川政七商店历经 300 年，一直以来最珍贵的东西吧。

来自松山社长的赠礼

有一位前辈经营者，看到我就任社长，非常为我高兴。那就是"MARKS&WEB"的松山刚己社长。我们在同一时间点一起进驻玉川高岛屋购物中心，之后便一直保持着亲近的往来。松山先生曾经在广告代理店、贸易公司等地工作，之后回到了有着逾百年历史的家业松山油脂，又成立了经营自然派化妆品的自有品牌"MARKS&WEB"，开设直营店进军零售业。作为一名经营者，他的发展轨迹，有些冒昧地说，同我的轨迹有许多重合的地方。

他说，为了庆祝我就任社长，要请我吃饭。我高高兴兴地出门，只见松山先生抱着一个巨大的纸袋子出现在了我的面前。我满怀着期待，以为要收到什么了不得的礼物了，结果咚地一声堆在我眼前的，是一堆资料和笔记。

"成为社长一定有许多不明白的地方，你尽管问我好了。为了能当场回答上来，我把公司相关的资料几乎都搬过来了。"松山先生像是若无其事地这样说道，似乎这是再自然不过的做法。

不用说，这当然不是什么自然不过的事。虽然我们不是竞争对手，但他这是要将没有必要告诉其他公司经营者的自己公司的信息交给我。我想不到还有第二个人能够为我做到这个份上。回想起当时感动得说不出话来的自己，也真是惭愧。我永远也不会忘记这一天。

在松山先生教给我的事情中，有两件让我印象特别深刻的事。第一，一定要认认真真地写中期经营计划书。在奈良的星巴克受冈本充智先生点拨后，那些像模像样的东西我的确在写，但仅仅考虑了自己负责的事业部门，这同作为一名经营者来写，不论是内容还是分量都相距甚远。

不论业绩是好，还是坏，每年都必须拿着这个中期经营计划书和财务报表上银行跑一趟，这是第二点教训。经年累月，越摞越高的纸张厚度会直接转变为彼此的信赖，就算公司遭遇不测，对方也一定会借力相助的。我相信这句话，从此以后一年一度的银行"拜访"，一年也不曾落下。

我想了一想，现在自己对那些前来咨询的工艺厂商们，也说着相同的话。这些教训相当于经营一家公司的入门常识吧，但正是这样理所当然的事情，在身边却很少有人愿意告诉我们。助推那些比自己更加年轻的经营者们，我想借此表达对松山先生的感谢之情。

迎来第一期应届毕业生

成为社长的第一件大事，便是迎来了第一期应届毕业生到我们公司工作。当然，选拔考试是在上一年举行的，相关的准备工作要从更早之前就启动了。总之，在2008年4月，中川政七商店首次迎来了四名应届员工。

此前，碰到刚从学校毕业，无论如何都想进我们公司工作的特别的学生时，我们也会例外地招聘进来，但是基本上招的多是有工作经验的人，能够期待他们作为随时待发的战备力量。最重要的原因，在于这些应届生还没有掌握作为一名职场人士的基本素养，而公司内部除了我，没有人能够落实应届员工的指导工作。因为同样的缘由，许多中小企业从一开始大概就放弃招聘应届生了吧。

不论是录用的过程，还是进公司后的员工教育，应届生比有工作经验的人都要耗费好几倍的功夫和资金。实际上，我在公司说明会上发言、面试学生等，自身也匀出了许多时间在招聘应届生上。或是像现在这样写写书，或是上电视节目等的一大目的，也正在此处。我希望能够有更多的学生，哪怕只有一个，能够知道中川政七商店，想要有更多优秀的人才踊跃报名，因此大学等拜托我做演讲，我也都会欣然地接受。

我之所以这般执着于应届生，这是因为在我心中，有两点尤为重要。一是一种心态，认同彼此在工作中，是并肩前进的伙伴。二是对待工作的态度。这两点都是在实际工作中花时间才能领会的，很难中途改变。因此，我们遇到一些有工作经验的人，即使他们掌握了目前中川政七商店所需的技能和方法，是有着丰富实际业绩的人才，有时我们也会因为觉得他们难以融入我们的公司中，而暂时选择不进行录用。

与此相对，应届生在技能和实际业绩上都是一张白纸，这也是理所当然的。但是，没有过多的装饰，反而也更容易看清底子。坦诚而乐于关照身边的他人，然后最重要的是，有着饱满的上进心。如果有着这样与生俱来的性情和思维方式，那么进公司后，也能和大家步调一致地向前走。因此，聘用应届生虽然是我上任社长以前一直以来的心愿，但直到 2008 年，我们才终于等到时机成熟，迎来了第一期应届毕业生。

员工与企业，是选择与被选择的对等关系

我从来不会非常强势地指导员工，为了达到目标数值就给

员工施加压力。这样逼着员工向前走，在短时期内，业绩的确可能上升，但是要等说了才会去做，这无异于给小孩子布置家庭作业。比较理想的方式是，即使没有外力的驱动，员工们也能自己有意识地去努力，从而拿出成果来。

在成果上，比起定量的东西，我反而更加追求定性的东西。品牌经理等居于一定职位以上的员工，当然会追求业绩的数值，但这也并非意味着只要数字好看，就万事大吉了。即使是一封邮件的内容，是不是可以写得更加体贴一些呢，诸如此类的问题，我也指出了很多次。

这样说来，或许读者会以为我们是一家缺乏紧张感、泡在温水里安于现状的一家公司，但并不是这样的。这十多年来，中川政七商店的业务规模和业务内容都发生了巨大的变化。冒出许多跟不上公司变化和成长速度的员工，这也是理所当然的。许多老员工，还是习惯于甚至不敢称之为公司组织的田园诗般的管理模式以及工作的推进方式，现在几乎都辞光了。我认为这也是没办法的。

这种想法的根基，在于一份信念，认为员工和公司必须处于一种对等的关系。我总归也算是法学专业出身，还是理解劳动法规定的精神宗旨的。为了纠正劳动者与用人方之间不平等的关系，保护处于弱势的劳动者，劳动基准法被制定出来。但是，将劳动者认为是应该受到保护的弱者，也可以说这种观念已经将员工放在了低位。公司在上，员工在下，真的可以就这样轻易地断定吗？

我并非是因为自己身为经营者，才这样说的。换到员工同公司外部人士之间的关系上，分上下、分强弱这种片面的思维方式，就让我觉得不太舒服。要是风水轮流转，自己到了在一般人看来处于弱势的一方，这种感受会变得尤为强烈。总归是无法原谅不对等的天性吧。

譬如，请百货商店和家居用品店摆放中川政七商店的商品，他们对于我们而言即是重要的客户。虽然现在希望我们进驻的商家越来越多，但当时为了想办法得到合作的机会，几乎都是由我们主动去交涉的。即便如此，我从来没有想过对方在上，我们在下，就算对方提出了一些不合理的要求，也没有办法等。

为我们提供原料的公司，我们委托对方制造的厂商，前来咨询的中小企业，设计师等外部的专家，以及重要的员工们……有了这么多的人和组织，才有了我们的公司。我认为，我们不论到哪，都不存在上下等级关系，而应该是选择与被选择的对等关系。

正因如此，我做梦也不会认为员工是公司的附属品。因此，对于那些已经离开公司又折返的员工，我们是热烈欢迎的。看到独立出去大显身手的毕业生，我们也会非常高兴，有时还会把工作委托给他（她）们。

我期待着那些站在同公司对等关系上、对公司愿景持有共鸣、想要并肩工作的优秀人才，能够登门加入中川政七商店，哪怕多一个人也好。

新建办公楼

过去招聘应届生时每年都觉得非常头疼的，是"要不要把总公司展示给应招的学生们看"这一问题。奈良的总公司又老、又窄、又冷，有着这三重苦，看过"粹更 kisara"和"游中川"店，学生们想象的都是非常时尚的办公室，大多都会遭受打击。我们害怕让好不容易找到的人才又跑了，于是一直都要瞅准时机，才会展开行动。

会议室和接待室也不太令人满意，摆放得非常拘束的，桌子中间好不容易才腾出一点空间，就在这里同客户洽谈。带便当来公司的员工也很多，午饭总是在自己的位置上狼吞虎咽地应付了事，也无法放松心情，工作中精力分散也是没有办法的事吧。在这样的条件下，对员工们说，请你们充分地发挥自己的创造性，也是强人所难吧。

我打小就要先把书桌上收拾干净，完美地摆好参考书和笔，才会开始学习。用于准备的时间和学习的时间几乎差不多，还为此遭了母亲的骂。大概是我想要收拾好，有一个好的学习环境，这种愿望要比其他人强得多吧。

因此，我也一直想着要尽快为员工们准备一个好的环境。新建办公楼的想法之前就有，到了父亲这一代，至少在奈良市内已经拿到了土地，我就任社长时，开始了具体的规划。

"工作和私人空间不可能完全分开""要珍视工作的周边环

境"，我把脑中的这些想法告诉负责设计的建筑家吉村靖孝，聊着聊着，我们的脑海中浮现出的便是"像在生活一样地工作的未来的町屋"这一概念。过去在奈良和京都的町屋，面向马路的铺面是店铺和作坊，内部是居住空间，许多都是这样的房屋结构，把这一元素引进现代，我们想要打造出一个能够同郊外的住宅区融为一体的创意空间。

吉村先生以他的设计回应了我的期待。兼备街道的热闹和家的宁静，色彩缤纷的细长屋形鳞次栉比。根据事务所、展示空间、仓库的不同功能，涂成了不同的颜色，这是从和服的麻料想象得来的。因为再也无法忍受又窄又冷的空间了，我拜托吉村先生设计成能够感受到阳光和风的开放式的环境，于是我们最后选择了将店铺朝外一面的墙壁通通改为玻璃，阳光能够透过天窗照进来的方案。

吉村先生亲手设计的新办公楼，荣获了"日本优良设计大奖"中小企业厅的长官奖，以及日经新办公室奖，此外，还在建筑杂志上得到推广，赢得了高度的评价。更幸运的是，这样说的话或许要挨相关人士的批评了，我们在 2010 年竣工，当时还受雷曼危机的余波影响，因此工程总费用也得以压下来许多。

实际上，在拜托吉村先生之前，我还拜托过建筑家妹岛和世女士。对方已经给出了第一个方案，但是大大地超出我们事先告知她的预算，对方又觉得很难压缩到比较实际的开销，因此我们拒绝了这一方案。虽然吉村先生自身也是一名受人瞩目的年轻建筑家，在了解了这一来龙去脉之后，他帮我们构想了一款绝对实际，又无比富有魅力的设计。加上建筑行业不景气，支付给建筑商的建筑费用也大大缩减了。

另外，不论是妹岛女士，还是吉村先生，都是由水野先生推荐的。妹岛女士在我们新办公楼竣工的那一年，荣获了堪称建筑界诺贝尔奖的普利兹克奖（The Pritzker Architecture Prize）。而吉村先生后来也着手于将用于海上运输的集装箱的规格标准，挪用到非临时设立而是可以一直使用的住宅上，把这些住宅送往灾区，为建筑界吹入了新的气息。到现在，我依然会惊讶于水野先生的慧眼。

还有一名虽然是我们内部人员，但是一定要留名的员工。那就是在公司内部公开招募时举手，成为新办公楼建筑项目负责人的岩井美奈女士。介入到设计事务所、总承包商、政府和附近居民等诸多相关人士之间，负责复杂的协调工作，就算是在大学里学过建筑，这对于第一期应届毕业刚刚进公司的她来说，任务理应都太过艰巨。碰到棘手的难题，明明和我说就好了，可是她却忙得团团转，似乎连这一点也没来得及想到。即便如此，在这接近两年的大项目中，她也非常出色地发挥了自己的角色。

感谢吉村先生灵活的构思和建筑行业的不景气，不论去掉什么都决心要死守的办公区的地暖，也成功装上了。我事先在员工们之间做过一个问卷调查，结果据说大家不管怎样还是想在温暖的地方工作，这个让人看了忍不住一定会掉泪的回答占据最多数。想到再也不用让员工们害怕受冷，我心里的一块石头也落了地。

另外，我最喜欢的，是放了两张全长八米的大桌的食堂。吃饭的时候，想要跳出日常的空间来思考问题的时候，都可以到这里来。透过从天花板到地面的落地玻璃窗，可以看到窗外的绿色，能够涌现出一些意料之外的好点子，或是得到新的视角，这真让人高兴。

新办公楼里的食堂，其中放有两张 8 米长的大桌子。

为了支撑它的重量，这张桌子从底部加固了，因此基本上是没有办法被撤走或移动的。这些乍看之下无用的空间，一旦人手或是东西多了起来，变得狭窄了，就会面临着立马被占用的命运，因此我特意得让它无法被拿走。到现在，我也没有后悔这一决断。

新办公楼的设计方案出来的时候，有意见认为我们是不是在打肿脸充胖子。同为经营者的朋友们也忠告我，不必非得在这个节骨眼上造新楼。这些意见也不是没有道理。世界性的金融危机也蔓延到了日本，在那个时期，所有企业都在延后新的投资计划。而我之所以没有往后拖，是因为已经对身边的人们，尤其对内部的员工们，发布了两条宣言。

第一是要认真地为实现"振兴传统工艺"这一愿景而奋斗。另一条是要相信各位员工们的可能性。凑合的业绩、平平的成长，要是这样就可以了，根本没有必要承担着风险去做投资。大家一起挤在旧的办公楼里，平安无事地把生意做下去，我们手里也有这一选项。但是，不论怎么想，我都觉得不论是员工们还是自己，对于这样的未来，都不可能感到满意，而且最重要的是，这看上去并没有什么意思。

想要振兴日本的工艺，首先就需要中川政七商店自身展现出一股蓬勃的活力，也必须要请员工们在能够刺激大家更加高效、更加富有创造性的工作空间里，共同发挥出更加强大的能力。对于那些努力创造出成果的员工们，我们也能够为大家准备与大家的付出相符的职位和工作。

我们想要通过肩负风险进行投资，来让大家明白，中川政七商店和所有员工，是完全具备这样的可能性的。新办公楼也是被用来表明这样的决心的。感谢我们付出的辛劳，从那以后中川政七商店也蹿高了不少，现在已经听不到有人说我们不自量力了。

另一方面，只知道新办公楼的员工越来越多。在优越的环境中工作，已经再好不过，能够为员工们准备这样的环境，我也感到非常骄傲。但是，如果认为什么都不用付出，就能够自然地由他人赋予这样的环境，那就有些想偏了。

不论是奈良的总公司，还是表参道的东京事务所，现有的环境是前辈们辛辛苦苦争取而来的。这不论在报酬制度等经济方面的东西上，还是在品牌等社会性的评价上，都是如此。大家是在前辈们的成果基础上开展工作。我们不应该毫不客气地利用环境，而是应该找到与之相称的工作，通过自己的努力进一步营造出更好的环境。我认为正是这样的思想准备，会营造出员工们同公司之间真正对等的关系。

新办公楼建设期间，作为公司内部窗口的岩井女士，一度结婚生子，后又回归职场。不仅仅是她一人。对于与她同期的以及之后的应届员工们，昨天还看到他们的学生模样，就算是亲眼看着他们的成长，我也不禁总是会吃惊不已，同时感慨时光的飞逝。

很快到2017年的春天，我们已经迎来了第十期应届毕业生。我也有了新的想法，同新的员工也要交锋形成对等的关系，中川政七商店的发展速度和力量，不能输给我们的任何一位员工。

二〇一三年三月，
于东京丸之内商业设施KITTI
开业的中川政七商店东京总店。

第四章

就任第十三代
社长

创设新品牌"中川政七商店"

2010 年，我们发布了冠以公司名称的新品牌"中川政七商店"，概念为"生活的道具"。在此前的"游中川"（将日本自古流传的布料，打造成为能够配合现代生活方式的造型，提供给顾客）和"粹更 kisara"（将送礼的心意呈现于形）的基础之上，我想我们还需要一个经营实用型日常生活道具的新品牌。三大品牌在各自的领域站稳脚跟，取得一席之地，这将会推动公司整体品牌强度的提升。

选用冠以公司名称的品牌名，一是出于一份热忱，想要展示出对于"振兴传统工艺"这一愿景的觉悟，二是因为前前后后山口信博先生以及水野学先生两名设计师的教诲，依然留在我脑海中的某个角落吧——中川政七商店这个名字很有力量，应该把它拿到更加前面来。

山口先生是在 2005 年拜托他重新设计"粹更 kisara"的商标时，水野先生是在 2008 年拜托他重新设计"游中川"的平面设计时，这样对我说的。他们二人都是非常热心地想要推着中川政七商店向前走，但我当时挂心的也不过是委托工作（"粹更 kisara"和"游中川"）的进展情况罢了。通过外部的崭新视角，我们能够更加容易地发现光靠自己很难留意到的宝藏，这个例子正好告诉了我们这一道理。

品牌数量增多，开店速度也会加快。店铺数量最多的是在

2011 年，一年新开了 7 家店。2007 年总计 15 家店铺，到 2011
年已经达到 29 家，几乎为原来的两倍。想要让厂商焕发生机，
就必须要在商品流通的末端，即销售渠道的末端做出营业额，
其中最好的形式便是通过开直营店，切实传达商品背后的故事
以及创作者的所思所想。

受到雷曼危机的影响，服装业一下子就变得不景气了，相
关企业都在缩小开店规模，但对于我们来说却是乘上了一阵东
风，我们接二连三地收到了开发商们的函询，条件对我们非常
有利。

似乎关东地区的人深以为关西的商人每逢别人问起自家的
营业状况时，就会答道"还行，有点起色"，但至少我自己从来
没有这样说过。"一般般吧"，也无非是真的觉得一般时才会这
样说道。

喜欢这种表达方式的人们，或许，是不希望被别人知道自
己在打着什么算盘吧。不过，如果对于自己的业务和业绩过分
地守口如瓶，可能会不太容易得到周围人们的理解和支持。如
此，可以在能够坦言的范围之内，说一说自己正在考虑和计划
的事情。自己的困扰和觉得不足的地方，也要尽量坦诚相告。
如此一来，或许就能够赢得共鸣，得到一些支援了，不是吗？

像这样平日里好的时候便说好，坏的时候便虚心坦怀地当
众讲出来，得益于此，中川家正做得风生水起这样的风声像真
有那么回事一般，在业内传开了。接连不断有客户来探口风，
问我们要不要开店。

但是，人才的培养能够追赶上业务扩张的步伐，这在新兴的中小企业中，见所未见，闻所未闻。这在大型企业想要开展新的业务、加入新的市场时，也是同理吧。要是慢条斯理地说，要等着把人先培育起来，就哪里也去不了。当然，所有业务的旗手还在于人，因此如果人才完全聚集不起来，就一步也迈不出去，这也是事实。过快或是过慢，都无法抵达目的地。

所谓经营，我认为，在于决定去哪里以及走多快。"去哪里"会根据不同公司、不同经营者而有所差异。但关于速度，在大部分场合下，不至于栽倒的极限速度，才是最优解吧。速度升得太快，会难以控制而引发事故。当然，速度太慢也不像话。如何摸清眼看要栽倒时的极限速度，这对于经营者来说，是一份非常重要的工作。

不可思议的是，开始追求速度以后，公司组织也像是互相呼应一般，强大了起来。开始招聘应届毕业生，也积极地招收有工作经验的人后，原来的员工们也受到刺激，工作得更加卖力了。从2006年起导入公司内部公开招募制度后也是一样，虽然一开始总不见有人愿意举手，但大家一旦落选，又会格外地沮丧。从这个时候起，大家开始积极地报名参加自己感兴趣的项目和想要从事的工作，有更多员工愿意说出自己的想法了。

店铺扩张时一定要有店长。过去都是分配到奈良总公司的应届毕业生，从2010年进公司起安排一部分、从2013年进公司起全部分配到店铺工作。有的毕业生后来会直接留在店里，也有的会在几年后被调回总公司。

我们会说"现场力"这样的词语，若是在制造业中，那么生产的现场便是如此。若是在零售业中，那么在店铺里萌生了智慧和知识，人便会成长。将不通过接待客户、运营店铺就无法明白的事，通过亲身经历，吸收到自己的脑中、身体中，在各自的岗位上灵活运用它们，我想这能够帮助店铺和总公司都越做越强。

已有工作经验的人的阵容也有了很大的改变，因为有更多的人不惜辞去大公司的工作，希望加入中川政七商店。并非说只要在大公司待过，就一定都很出色，不过回想起即使发布招聘广告却还是少有人问津的往昔，这实在是令人欢欣雀跃。

品牌管理的改革

决定要无微不至地管理好三大品牌时，我感到如果还是像过去一样，由自己一人来进行品牌管理的话，就会有些心有余而力不足了。这是体制方面的问题，同时也是技能方面的问题。我自身，看待事物的视角以及设计的素养，在经营者中也自认为是靠前的，过去也一直在有意识地培养。但是，譬如说在某些领域内，能够胜过水野先生，当然不存在这样的事。术业有专攻，设计师有设计师的、经营者有经营者自己的专长。

正因如此，过去我也一直在借助包括水野先生在内的外部行家的力量，而现在我们迎来了一个时机，要在中川政七商店的内部也培养那股力量了。因此，我决定导入各个品牌对品牌内部相关事项全权负责的品牌经理制。一方面每一品牌，都能够凝聚起公司内部的相关力量，起到领头的作用。同时，在品牌管理上，又能做到不逊色于外部的行家，有较高的专业性。这正是我对三名品牌经理的期待。

用一句话来描述品牌经理的工作，那就是品牌形象的塑造了。商品、材料、广告文案、推广活动等，对于同品牌相关的所有问题，去判定哪些是符合那一品牌的，哪些则并非如此。为此，品牌经理需要将商品政策、生产管理、营业政策等各个部门横向链接起来，也由此被赋予了管理品牌整体的责任和权限。

虽说如此，但想要突然把所有任务，交付给缺乏管理经验的三名人士，还是非常困难的。因此，我决定对于像管理销售管理费以及制定开店计划等经营策划类的工作，还是与以往相同，由自己来负责。

首次实行的这个品牌经理制，可以说是成败参半。到商品生产和销售战略阶段，管理的确是有效果的，但是并没有很好地落实到店铺中去。对于让品牌经理直接参与到同顾客的接洽中来，这让店铺那边和品牌经理自身都感到困惑吧。

我们公司有可圈可点之处，但也存在着正因为是一个平行的组织，管理很难奏效的这一难题。自由发散思维，能够畅所欲言的氛围固然宝贵，但如果权限和责任含糊不清，也就称不上是一个组织了。

此后我们多次调整了品牌经理扮演的角色，到 2014 年导入了业务单元（Business Unit，BU）制。总计分为"游中川""粹更 kisara""中川政七商店"三个单元，品牌经理直接就任领导。业务单元为商业的单位，因此对于同发展商业相关的所有事项都负有责任。

譬如，经营一家面包店的店主，为了能够使用哪怕只便宜一点儿但优质的原材料，需要去寻找供应商；需要配合最畅销的时段，将符合顾客需求的美味面包烤出来；将面包摆放得让人忍不住伸手去拿；为了能将面包都卖出去，需要制作海报；时不时还需要向客人们搭话；插空需要确认兼职的轮班；调查附近的竞争对手有哪些人气很旺的面包；到了月末，还要计算原材料费、电费燃气费、人事费用等来明确收益，制定下个月的销售计划。

如此，品牌经理需要照看同这一生意相关的角角落落，张罗筹措、判断、执行。这就叫作生意。当然，在中川政七商店里业务单元也一样负有管理盈亏的责任。到对于数字有更深的理解，我们在那之后还花了一段时间。如果是一名经营者，不论是一家规模多小的商店的店主，也必须对收支非常敏感。如果遇上了赤字，就拿不到自己那一份工资了，而且商店也无法长期存活下去，要说这是理所当然，也的确如此。但身为一名公司职员的话，这方面的意识总归要薄弱一些。

因此，我们于 2016 年 3 月期①开始实施一套接近所谓的分

---

① 2016 年 3 月期指的是 2015 年 4 月 1 日至 2016 年 3 月 31 日。

公司制，截至目前由公司整体来管理的销售管理费，也改为由各个单元独立负责，也就是向完全独立核算制——将业务单元视作一个公司——的过渡。

通过导入业务单元制，品牌同各个部门间的关系，也发生了转变。根据需要，公司会由业务单元向商品策划、生产管理、零售、批发、宣传、推广等的各个部门发送业务订单。对于各个部门而言，业务单元为公司内部顾客，如果业务单元对自己的工作不太满意，下次订单可能会被发往公司外部。我们期待在这种紧张感下，公司内部的各处都能够提升工作的质量。

截至2016年，商品策划和零售也被纳入业务单元的管理范围。作为"科"独立出来的，只剩下批发和生产管理、邮购部门了。但是，我想这也是我们在经历的一个阶段罢了。对于各个时期的中川政七商店而言，最合适、最有效率的组织设计是怎样的，今后我们也将用一段持续的时间来摸爬滚打，探寻最佳的模式吧。

在公司内部分权化的基础之上，对外我们也在试行不依存于我个人的组织建设高潮之中。过去的中川政七商店，几乎都是由我出面，而今后品牌经理自不必说，譬如土特产是谁负责、麻料是谁负责，像这样我们需要更多的员工能够成为公司的门面担当。我也已经了然于心，不是靠某个人而是靠团队来战斗，这样的公司架构和人才培育，将会成为今后我们需要一直面对的课题。

一桥大学的楠木建教授说："经营是具体问题具体分析，所有情况都是特殊解。"我也深有体会，在经营一家公司时，商业模式和组织设计，都没有唯一的正确答案。

在被每天的业务追赶的同时，我们要去学习其他公司的优秀事例，并从中抽出本质，编入自家公司的战略故事中。这仿佛是一个光想一想就令人头脑发昏的、没有终点的游戏，但事实上，我自己也乐在其中。这个世界上，比公司的经营更加有趣的工作，也寥寥无几了吧。

委托咨询的人们来敲门了

第一本著作出版后，过了半年左右，我突然接到了一份期盼已久的咨询委托，来自位于长崎县波佐见烧的产地批发商丸广。马场干也社长和大儿子匡平君①来到奈良拜访我。

虽然当时他才二十出头，但是对于现在已经年逾三十，正在管理通过咨询诞生的文化品牌"HASAMI"的匡平君，还要加上"君"字称呼，或许大家会觉得不太合适。但是，对我而言他就像我的弟弟，也是一名可爱的弟子，因此要是大家能够理解，不要苛责，我会很高兴的。

总之，我们相遇时的匡平君，即使是保守地说，也真是一个"傻儿子"。他在大阪从事服装行业等工作之后，刚刚回到波佐见町，对于陶瓷和家业几乎都是一窍不通。

---

① 君：男性在招呼同辈或晚辈、部下时，接在名字后表示轻微敬意的词。

由于他也不具备同经营相关的基础知识，因此我给他制定了一份指定书单，告诉他每月阅读两本，并且需要提交报告。看，总归是在看的，但是不论是哪一本书，也不见得他看明白了。最重要的是，我感受不到他身上那种今后要肩负起丸广的气魄，从他的举手投足、话里话外，只是觉察到他是受父亲之命、迫不得已在做的样子。

波佐见町在很长时期内，都作为一大转包产地，支撑着有田烧的发展。因此，虽然知名度会低一些，但已经确立了由成形、模压成型、施釉、烧窑等组成的分工序体制，以高超的技术和生产力闻名至今。如何从转包的角色中蜕变出来，这是整个产地面临的课题。但是，由于没有品牌强度，大多公司不得不依靠批发，当时的丸广也主要从事利润率较低的批发工作。

公司在巅峰时期能够达到 2 亿日元的营业额，现在也已经跌到一半以下。以为继承家业而回到当地的大儿子匡平君为中心，马场社长希望能够成立一个新的品牌，将销售额提升到现在的 1.5 倍。

成立新品牌同提升营业额这两大迫切的期望，在之后的多数案例中，也常常听大家提及。对现状抱有课题意识①，才前来委托咨询，大家都是如此。想要扩大营业额是理所当然的事。但总是千篇一律地想要树立新品牌，我想这其中有一些误解。

新品牌不仅耗费时间和成本，还面临着高风险。即使是能

---

① 课题意识：问题意识是发现问题的意识，而课题意识是想要解决问题的意识。

够在研究开发和广告宣传上投入大量资金的大企业，新品牌的成功概率也是有限的。更不用说，体力不支的中小厂商会是如何，可想而知吧。不知大家是明知故"犯"，还是压根不明白，一致说要"成立新品牌"，似乎是由于树立起"粹更 kisara"和"中川政七商店"等品牌的我自身的形象，影响到了大家的委托内容。

在这样的时刻，我常常会先说明，新品牌不过是改善业绩的一个手段罢了。在此基础上，我会告诉对方，分析现状、找到需要改善的地方，才是首位的。像我刚刚回归家业时的中川政七商店也是如此，大多中小企业都不难找到需要改善的地方。同需要考虑到顾客和竞争对手等的商品开发和品牌战略不同，业务和财务方面的改善，几乎能够带来经营上的改头换面。

我一贯坚持同大家讲，越是中小企业，越要提高品牌强度，成为顾客和合作伙伴的主动选择。而以信息技术为核心的技术革新正在加速发展，更是在增强小蚂蚁扳倒大象的可能性。但是，无论如何，都需要扎实的经营作为基础。

因此，在着手咨询服务时，首先，我会请对方拿财务报表给我看，先了解对方的财务状况。其次，我会细致地参观公司的内部和工厂，以及正在销售产品的现场，有时还会去参观同一行的其他公司，尽量去逼近本质上的问题。

把握住现状以后，我会使用例如对于自家公司的优势（Strength）、弱势（Weekness）、机会（Opportunities）、威胁（Threats）进行整理的 SWOT 分析法，以及从产品（Product）、价格（Price）、渠道（Place）、宣传（Promotion）要素思考营销战略的4P分析法等框架，探讨业务机会以及攻入市场的策略。在这些方面，同一般的经营咨询在手法上并无二致。

但是，我认为最重要的是，这家公司通过业务想要做什么，自己力所能及的是什么，应该做的又是什么，即所谓的愿景。经营者必须要有清晰的愿景，并由公司整体来共享这一愿景。否则，我想，不论公司做得有多成功，这家公司都没有真正意义上的存在意义，成功也不可能常驻。如果我们没有"振兴传统工艺"这一愿景，那么理应也不会有今天的中川政七商店了。

因此，在丸广的这个案例中，我也让匡平君告诉我他的真实想法，有什么目标，自己想做什么。在涌出的多条心声中，既有譬如想要成为行业的代表批发商、想要把波佐见烧的名气做得比有田烧还要大等"于公"的答案，也有譬如想要从事同服装相关的工作等"于私"的、偏向个人的梦想。

继续深挖下去，还蹦出了"想要在波佐见建一家带有咖啡店的电影院、想要打造一个人们能够聚集起来的空间"这一梦想。倘若如此，就需要建立一个肩负当地文化的品牌了。于是，我们选择并非去补救既有的商品和品牌，而是敲定了成立一个新的文化品牌这一目标。

品牌名称叫作"HASAMI①"。将可堆叠的马克杯作为主打商品，新品牌就此上路。参加家居设计生活展以及由中川政七

———————————

① HASAMI 为"波佐见"的日文读音。

商店主办的展览（后发展为"大日本市"）时的首次发布，是在 2010 年 6 月。距离马场父子拜访奈良，过去了接近一年的时间。

坦白说，新品牌当时并没有引起很大的反响。虽然在各个展会上，都有许多对"HASAMI"很感兴趣的买手。但是，由于品牌太新，反而让大家都变得非常慎重。等到距离展会落幕两个月后，有一家大型买手店（Select Shop）"URBAN RESEARCH"愿意经营我们的商品，此后的函询便一下子增多了。

但是，并非说从那之后，就事事如意。有时也会碰到资金周转困难的问题，或是由于在生产管理上懈怠了，导致商品缺货、错失销售机会等。即便如此，整整两年时间里，我们都在全力以赴地并肩奔跑。对我而言，这既是我接下来的第一个咨询案例，而匡平君又是刚刚回归家业，当初对于陶瓷和经营几乎等同于一个外行。而这样外行的匡平君，到了创立"HASAMI"的第二个年头，就已经作为一名品牌经理，能够自行决定主题，切实拿出业绩来了。他已经有了一副独当一面的经营者的面孔。

到了最后一次因为咨询服务拜访波佐见的时候，马场社长夫妇同匡平君以及全体员工为我举办了一场道别宴会。我最后致辞的时候，环视大家，只见匡平君的母亲脸上满是泪水。几乎可以说是在号啕大哭了。看到过去调皮捣蛋、感觉有些精力过剩的匡平君，终于出人头地，她在为我们感到高兴吧。

此后每年我都会逢机拜见这位母亲，别说对方，连我有时也变得有些泪眼蒙眬，这样的话，实在不知如何才好。但是，有这样为我们高兴的人，并且最重要的是，看到以丸广的飞跃为契机，波佐见又重新焕发生机，这实在是作为一名咨询顾问的无上荣幸。

现在，"HASAMI"已经成长为咨询服务的毕业生中领袖一般的存在。同时，作为一个有着可观的集客能力的品牌，也在为"大日本市"做着杰出的贡献。以匡平君为中心，还成立了"HASAMI"之外的其他新的品牌。波佐见建起电影院的日子，或许也没有那么遥远了吧。

只有当事人才能办到的事

截至目前，除了丸广，我们还为做包的"BAGWORKS"、做菜刀的庖丁工房（Tadahusa）、做地毯的"HOTTA CARPET"、做针织品的"SAIFUKU"、做果实栽培和加工的堀内果实、做合成长纤维纺织品的"KAJIRENE"等提供过咨询服务。

到 SAIFUKU 之前的相关个别案例，详细地记载于《小企业的生存之道》中，大家可以移步阅读那本书。咨询费用为每月 25 万日元。关键点在于，这个价格，仅仅比新职员的月薪稍微高出一点而已。把它设定得比较低，一是希望用这个金额，能够让小的工艺厂商也能觉得可以试试看；二是希望对结果负责。

如果委托大型的咨询公司，我听说对方要求支付的金额甚至可能都是按每月几千万日元的单位来算的，但不论支付了多么高的报酬，对方都不会对结果负责，这是一般的行情。不论收益是否得到改善，新的业务是否取得成功，一旦支付出去的咨询费用是再不复返的。

但是，我们的目的在于让工艺厂商更上一层楼，而并非想要通过提供咨询服务本身盈利。因此，我们会控制费用，也会在店铺里销售提供过咨询服务的厂商的商品，通过这些商品的营业额，在中川政七商店中产生收益。并非是为了从外部左思右想、插嘴发话，而是为了显示我们要成为一个整体一起努力的觉悟，也需要这种成果报酬型的结构设计。

只是，工艺厂商是否真的能够振作起来，以及在咨询服务的期间结束后，能否继续保持这种活力，最终还是取决于当事人自身。截至目前，我们一共完成了11件咨询服务，当然并不都是成功的案例。与其说是失败了，不如说有几件是中途放弃的案例。绝大多数，都是由我提出中止服务的。在这些案例中，对方认为只要在经营现状的延长线上，加上新的品牌和新的商品，就足够了，我并没有感觉到对方真正想要改变的觉悟。

在为这些公司提供咨询服务时，对方大多认定，一切都会由我来采取行动，会帮对方或是开发新的品牌，或是重整原有的品牌。不怕大家误解地说，很多时候往往那样做，对我而言更加轻松。

但是，这样一来就没有意义了。我离开之后，如果无法让品牌继续发展下去，推出新的商品，扎扎实实地经营下去，公司很快就会被打回原形。正如丸广有匡平君作为核心，正在靠着自己的力量前进一样，其他公司也需要有一台自己体内的引擎来持续驱动。否则，工艺厂商在这样严峻的环境下，是不可能幸存下来的。

　　我决定罢手的一件案例中，对方是成立了一个服装杂货①品牌的某家厂商。尽管已经定好在新年伊始就要发布新品牌，满意的颜色却始终出不来，已经返工了一次、两次，这份工作一直拖到了年末。这时，对方居然提出了一项令人意想不到的异议："拜中川先生所赐，都已经逼近年关，我们还不得不工作。"完全是一副没有在开玩笑的口气。

　　又不是为了我，来请他们换颜色。我已经向对方说明，为了让品牌能够好好地发展下去，在这一点上绝对不能妥协。但是，截至目前在某些地方，也隐约察觉到对方像是事不关己、高高挂起般的态度。到底对于我的话，能够理解到什么程度呢，这让我一直感到不安。

　　过了几个月后，这份不安转为现实。这是在新品牌参加由丸广和"BAGWORKS"等咨询服务毕业生集结的联合展览"大日本市"的时候。

　　由于我们执着于要把"大日本市"打造为一个名副其实的

---

①　服装杂货包括鞋包、帽子、领带、手套、饰品等。

交易会，因此接到的订单数量成为了一项重要的指标。展览期间会开晨会，在大家面前公布昨天的成绩和今天的目标。虽然大家经营内容不同，但都同为竞争对手。晨会，是大家学习各自的长处，分享能够创收的智慧，这样一个场所，同时还是一段能够让大家互相刺激、提高士气的重要时段。而这家公司，却接连两天都不见踪影。

咨询和展览，并非一定是成套的，中川政七商店也并没有收取参展费用，因此展览说来就像是一项附赠的服务。要是不想参加晨会，从一开始同我说便可以了。我已经告诉他要是不来的话，会让人非常困扰，但对方依然绷着一副顽固的态度，"我们也不在中川先生的旗下，什么也不是，所以没有理由被这样教训"。我觉得再这样下去，就是浪费时间了，于是决定就此切断关系。关于已经开发的商品和展会上接到的订单，我们一方也不主张任何权利，决定全请对方自由处置。

在委托我们咨询的厂商之中，也有一些是看到丸广和庖丁工房做得不错后，觉得只要贴近中川，总能捞到一些好处，别有用心靠过来的。并非说另有所图就完全不行，但这些厂商往往不愿意改变过去的做法，只是希望在表面上添上一些中川风格的味道，只是这种程度的想法罢了。这样一来，是不可能如愿顺遂的。

当然，我事先都会说明"工作还是得请您自己来做，我只是帮忙搭把手而已"，但大家怎么也不明白。因此，很快事态就会变得和说好的不一样了。这些案例中共通的一点，在于缺乏紧张感和当事人的意识。如果没有"现在不改变，就没有未来"这样的危机意识，没有必须亲手完成任务的觉悟，那么身边不论由谁来做什么，都不可能解决本质上的问题。

我认为咨询顾问，就像是一名家庭教师。为了提升实力，必要的内容都会毫不吝惜地教给学生。但是，作为家庭教师的我，不可能代替学生去学习或是去考试。就算是制定了战略，并落实到战术中去了，实际还是需要当事人来战斗。回顾以往的咨询案例，也能发现，越是那些有着顽强斗志、不懈努力提高战斗能力的公司，赢得了越大的成功。有的事，只有当事人才能办到。

两记致命传球

咨询服务并不是一项志愿服务。25万日元的咨询费用，怎么想，都是不合算的。而且自己公司内部，也有成堆的问题没有解决。我原本或许就应该把精力集中到那边的。但是，即便如此，为了实现"振兴传统工艺"这一愿景，我认为咨询服务是不可或缺的。

大家听说过经营战略中的"致命传球"这个词吗？在上文中谈到的楠木教授，在《战略就是讲故事：打造长青企业核心竞争力》（东洋经济新报社出版）这本书中使用到了这个词，它由此一举成名。在足球中，它指的是不论是敌方还是我方，都无法预料到的、迅猛而犀利的传球，有时它能够直接进球。楠木教授说的是在经营战略上，能够长期保持竞争优势的多数战略故事中，从某种程度来看，都存在致命传球。在别人看来不太合理的情况下，它能够抓住强者为数不多的漏洞。

在中川政七商店中，我自认为截至目前我们打通了两记致命传球。第一记，是在我回到公司，马上投身零售的时候。第二记，是在开始着手咨询服务的时候。关于第一记的零售，由于参与进来的厂商也很多，因此或许会有意见认为这看上去并没有什么不合理的地方。

首先，我们需要对零售的概念做一个区分，我说的并非与展示空间相差无几并不能将它称作是一项事业的零售。位于惠比寿的"游中川"东京一号店正是如此，它并没有跳脱试销店铺（Antenna Shop）的范畴。因此，很难说当时的中川政七商店已经在开展零售事业了吧。在这种情况下，不论是成功，还是失败，都没有什么值得一提的。

但是，真正的零售事业，并不在展示空间和试销店铺的延长线上。"造物"同"售物"从本质上，就是截然不同的。我们为此吃了不少苦头，而如同那些因为看到我们的成功而加入进来的工艺厂商以及地方厂商已经早早撤退了一样，轻易出手则会遭到重击。

第二记的咨询服务，现在好像还没有出现在开展同样事业的公司。但是，这或许是它因为看起来实在太不合理了，以至于公司内部对于"为什么我们要做咨询呢?"的这一疑问，也久久未能消散。

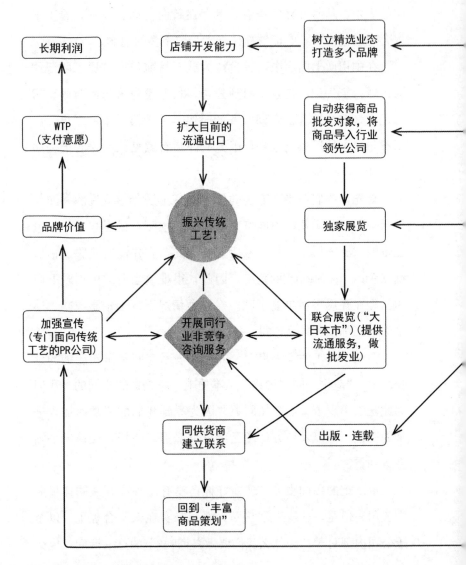

中川政七商店的致命传球（2010 年）

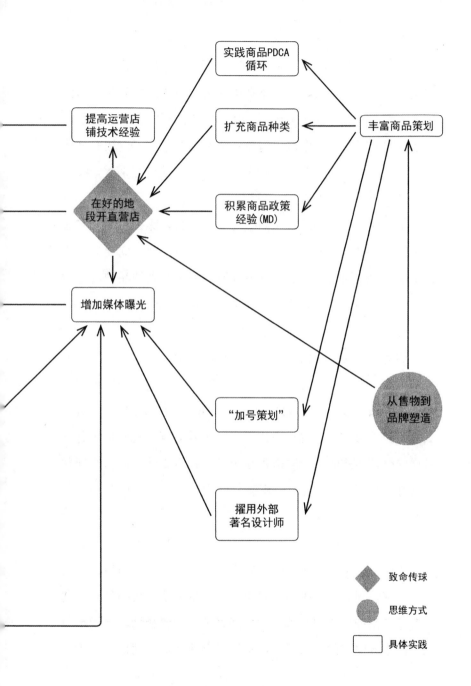

实践商品PDCA
循环

提高运营店
铺技术经验

扩充商品种类

丰富商品策划

在好的地
段开直营店

积累商品政策
经验 (MD)

增加媒体曝光

"加号策划"

从售物到
品牌塑造

擢用外部
著名设计师

致命传球

思维方式

具体实践

咨询服务本身的收支是否合算自不必说，如果只是截至现在这一时间节点，从对于其他事业以及公司整体的品牌战略做出了多大贡献这一观点来看，的确，看起来或许是不太合理的。包括我的时间在内，作为我们投入资本的对象，理应还有其他更加合适的事业吧。但是，如果把这一时间轴展开来看，我们又能转变向另一个视角。

十年后，二十年后，我们想要成长下去，那么工艺本身必须是富有生机与活力的。并且，工艺厂商与产地之间建立起来的牢固的伙伴关系，以及通过咨询服务积累起来的品牌塑造的知识技术，即使今后出现了与我们有着同样想法的竞争对手，这些也并不是别人能够轻易赶超我们的东西。

如此，我在公司内部，也是逢机就同大家讲这番话。但或许是因为不太关心经营的年轻员工比较多吧，我总是觉得说不到大家的心里去。大家或许觉得："这同我今天的工作，又有什么关系呢？"我在《小企业的生存之道》中，详细地写下了各种各样的咨询案例的一大理由正在于此，我希望员工们以及同我们交好的外部人士，能够了解我们致力于开展咨询服务的意图以及其中取得的成果。

在2011年的政七节上，我请丸广的马场匡平君在员工们面前做了一次演讲。即使对故事早有所耳闻，但是从当事人的口中，能够听到通过同我们公司建立的纽带关系，我们怎样拓宽了丸广与波佐见烧的未来，大家都有了很大的触动。直接参与到咨询服务中来的，除了我，不过只有几名员工而已，但所有员工的工作，都同振兴传统工艺的力量是密切相连的。它虽然在于一点一滴的积累，但大家的这种自觉着实越来越强了，这让我感到心里非常的踏实。

由此，在未来的一段时间里，我们依然还会继续开展咨询服务。而且，我似乎有一个不太利于身体健康的坏习惯——越是碰上要让胃都发疼的案子，斗志越是高昂。我们欢迎有着较强危机感和觉悟，在此基础上已经认识到危急局势，又不愿服输于他人的工艺厂商们前来咨询。

由工艺厂商参加的联合展览「大日本市」。

二〇一四年九月，于有明前沿大厦

（Ariake Frontier Building）。

第五章

商业模式开始

运转

开办"大日本市"博览会

刚刚进入这一行时，我完全不知道究竟怎样做才能有效率地把销路打开，因此吃了不少苦头。打电话给心仪的家居用品店，希望能够在那里摆放我们的商品，或是仅凭茶道具搭边牵线，寻找一条生路，又或是向和果子铺推销我们的怀纸盒和牙签，但结果却总不尽如人意。

在那时我们经常听到这样的说法——我们既没有听说过你们这家公司，也没有见过你们的商品，所以不能和你们合作。倘若如此，那么首先，要让对方知道我们的存在，于是我们还尝试着参加了许多除了之前参加过的礼品展外的其他展览。然而，时尚的展会总是来场人数寥寥，而参加设计展会的，并非买手以及零售店铺的经营者，而大多都为一般民众，因此常常会期待落空。基本上，展商是不会在现场拿下订单，或是就价格以及其他交易条件进行谈判等。光做展览，而没有"买卖"，这让我觉得很是别扭。

为了寻找新的突破口，我们也曾将"游中川"旗下为数不多的服装类商品，投放到了西式服装的展会上。结果，其他参展商都是来自南美和非洲的民族风的厂商，唯独我们显得格格不入。现在回想起来，不得不说自己也觉得真是"不走寻常路"。现在，在互联网上搜集讯息，已经成了一件理所当然的事。环境在不断地改变，然而，在自己的品牌和商品能否被市场接受这个问题之前，我们根本连让别人了解自己的机会都得不到。为此感到沮丧不已的厂商，理应还有很多。

因此，当我决定要振兴工艺厂商时，我就想着要在流通的出口，为工艺厂商提供大力支持。就算通过咨询服务，把"造物"这个阶段做好了，但东西卖不出去，公司也不可能存续下去。起初由中川政七商店独自办起的这一展览，丸广的加盟是在 2010 年 6 月。此后，又有单独为其提供了流通服务的公司——做围巾的工坊织座和做越前涂①的漆琳堂——加入了我们的队伍。到 2011 年 6 月，联合展览"大日本市"正式开办。

在这十年左右，出现了越来越多独立风格的展览，它们同有着悠久历史的大规模展览，是截然不同的。其中，有的专门展出手工艺品，有的会基于自身独特的理念来选拔展商，而在其中"大日本市"也显得别具一格。这是因为，主办方自身就是一家厂商，而且自己也参与展出吧。

厂商喜欢什么样的展览，最了解这一点的不是别人，而是厂商自己。尤其，我自身也有着相关的经历经验，为了寻找能够开拓销路的展览，而在失败中反复摸索。因此，我可以大言不惭地说，对于什么是厂商喜闻乐见的展览，反过来说，什么又是大家难以招架的展览，自己都要比别人有着更深一层的理解。

最难对付的，是明明支付了昂贵的参展费用，却不见营业

---

① 越前涂：越前漆器，日本福井县鲭江市生产的传统工艺品。

额有着与之相称的提升的时候。过去，中川政七商店也为此遭罪不少。厂商对于展览最关心的是能有多少创收，而一般的主办方却没能够深入地挖掘到这一层心理。

由于我们并没有想要在展览本身上赚钱，因此，是不收取参展费用的。作为替代，我们为厂商提供流通服务，会收取其营业额的一定比例的金额，即采取一套完全按营业额付费的联盟营销制度。因此，对于参展的厂商而言，大家无须承担任何风险。

反之，对于中川政七商店来说，展位是有限的，即使只是提供展出空间的一部分，如果营业额上不来，我们拿到的回馈金额也很少。从这一层含义上来看，需要由作为主办方的我们来承担风险。不过，参加"大日本市"的成员，都有一个前提，便是同我们有着长期的往来。因此，我们也不认为大家会去追逐短期的利益。我们把这称为是一个"长期的青云债"（事业步入青云后才须偿还，否则则视为馈赠的债务）。成员们的营业额越高，我们能够得到的成果也就越大，即构筑起了一个共赢互生的关系。

不仅仅是展览。对于"大日本市"的成员们而言，中川政七商店既是一家批发商，又是一家在做批发的零售商。在这一方面，我们也一直站在厂商的角度为大家着想。厂商们最讨厌的是委托代销，这是因为卖剩的商品会被全部退回到厂商那里，承担风险的，只有厂商而已。即便如此，还是有零售商会提出"希望贵社能够专门为我们定制特别的商品"等小批量特别定做的要求。在这套体制下，所需耗费的时间、劳力和成本，都会转嫁回到厂商自身。中川政七商店，不会提出这样不合理的要求。

为其他公司批发商品时，我们也会做好批发商的角色。具体来说，包括物流、库存调整、赊销管理以及信息提供等服务。将终端用户在追求什么样的商品，怎样才能进一步提升销售额等信息，提供给厂商和零售商。实际上，过去的批发商都是这样做的，说起来也就是扮演着一个提供咨询服务的角色。

然而这个角色逐渐发生转变，成了一个仅作居间的媒介，甚至还出现了例如"批发商无用论"这样的言论。如果批发商能够充分发挥原来的职能，那么或许就轮不到我们出场了。

另外，"大日本市"作为一场真正意义上的交易会，可以说这在日本也实属罕见。交换名片和信息，也很重要，但我们认为，只有创出了营业额，这个展会才有意义。巴黎时尚家居设计展（MAISON&OBJET，简称 M&O），被称为家居设计中的巴黎时装周。除了其优雅的形象以外，还有竞争展会期间成交额的作为商业场所的另一面。所有展商，都在销售上雄心勃勃。在展会的角角落落，也会看到展商的工作人员手持平板，确认订单，或是进行价格谈判的身影。

这不仅仅是展会方面的问题。日本的杂货以及家居设计的厂商，总体说来，销售意识都很薄弱。只要生产出好的商品，就感到心满意足了。对于销售，却倾向于漠不关心的态度。越是小规模的工艺厂商，这一倾向就越是明显。大家总觉得只要生产出了好的东西，就会得到某方的肯定。无法否认，这样的态度，是当下工艺产业面临困境的一大原因。生产出好的商品，固然非常重要。但是将这些商品，送到需要它们的人们的手中，"造物"这个过程才算是告一段落。

因此，像在第四章中已经谈到的那样，"大日本市"一直要求展商加强自身的销售意识。全体展商都要参加晨会，在晨会上，会公布前一天的成交业绩和今天的目标。看到有的展位做出了可观的成绩，大家一边开心地鼓掌称赞，一边燃烧起斗志来——"可恶，今天可不能输给这家了！"在小地方埋头于生产的话，厂商们总归会缺乏这样的竞争意识。因此，从这一层含义上说，能够从伙伴那里得到激励的"大日本市"，成了一个非常宝贵的场所。

我们在成立"大日本市"时，还写下了"大日本市"宣言。其中凝聚了我寄予这一展会的期盼，在此分享给大家。

"大日本市"宣言

从前，民艺运动，从出自无名工匠之手的日用杂器中，
发现了用之美，成了一场广泛的启蒙运动。

时至今日，乡土的造物，再次进入了人们的视野。
在物理距离缩短、信息鸿沟消失的当下，
我们感到，必须重新解读"造物"。

我们，不仅想要成为公认的鉴赏家，
还想赢得众多消费者的共鸣。

不做默默造物的工匠，
而想成为自主劳动的工坊。
不以无名为名，
而要珍视我们的价值观。
用之美，不是我们的口号，
用之幸，才是我们的目标。

"大日本市"由这样的厂商聚集而成。

"梦之甲子园"的微苦回忆

2012年夏天，我们收到了一条让"大日本市"成员非常高兴的喜讯。伊势丹公司对于"大日本市"展览的宗旨表示赞同，中川政七商店同成员企业共同运营的直营店"大日本市"，决定进军伊势丹新宿总店。

丸广、庖丁工房、"HOTTA CARPET""BAGWORKS""SAIFUKU"等咨询服务毕业生组，加上上出长右卫门窑等的流通支持组，由我与水野学先生、产品设计师铃木启太三人成立、想要打造成为一个经典品牌的"THE"，以及中川政七商店的四个品牌集结的、能够直接还原展览模样的店铺诞生了。

不仅限于工艺品，只要是厂商，不论哪一家，都想成立自己的品牌。但是每家厂商和商品都想以独立品牌的形式站住脚，又并非那么简单。"大日本市"展览，则将成员公司的品牌视作一家家独立的店铺，再将大家组合在一起。由几家店铺集合而成，共存共生，因此被称为"市"。而它现在要成为一家实体的店铺，从这个意义上来说，这还带给了我一种别样的感慨，不同于"游中川"和中川政七商店新店开张的时候。

而且，要说地段，它们的地段也非同一般。对于关注时尚和设计的人们来说，伊势丹新宿总店是一个特别的地标。杂乱的新宿大街上，霍地耸立着一座装饰派艺术风格（Art Deco）①的大楼。在过去长达八十年的历史中，这里既是流行的风向标，也是设计师们大显身手的舞台。不论是服装，还是杂货、家居用品，许多公司都将能够在伊势丹新宿总店摆放自己的商品设为一大目标。

更不用说，拥有属于自己的柜台了，这对于就在不久以前，还不过是小地方的一家小小工艺厂商的咨询服务毕业生们来说，实在是梦中之梦。就像是在地区预选赛的第一场中就败下阵来的弱小队伍，突然打进了甲子园。我也像是将球队首次送进甲子园的新任教练一般，感到洋洋得意。

"振兴传统工艺！"这一中川政七商店的愿景，能够得到伊势丹一方的赞同，这也让我非常开心。我一直认为，造物和流通的两驾马车必须齐头并进，才能拉着工艺向前跑。而对于我来说，伊势丹所拥有的影响力是值得期待的。我们得到了位于五楼直梯旁的一块并不宽敞但足够使用的空间。那么，接下来要把它打造成一家怎样的店铺呢？我一边请教水野先生以及以

---

① 装饰派艺术风格（Art Deco）：1910 年到 1930 年，以巴黎为中心在欧洲流行的装饰样式，以适合现代都市生活的简单利落的线条设计和亮丽色彩为特征。

自由买手著称的"Method"公司代表董事山田游先生，一边又求助于赶来支援的各位"大日本市"成员，不断推进布置准备工作。

等待我们的，是伊势丹式"购物商场"改革的洗礼。我非常清楚这会花费不少功夫，因此当时想着，收支方面只要不沦为赤字，就可以了。这对于"大日本市"的成员们来说，无疑将成为一次难能可贵的经历。我们对此充满了期待。

然而，从那时起，一年左右后，事态的发展却超出了我们的预料。同伊势丹的负责人进行洽谈时，对方因为中川政七商店在东京站附近的"KITTE"购物商城新开业一事，提出了不满的意见。似乎是因为害怕"KITTE"店会影响到伊势丹内"大日本市"的销售额。

"KITTE"所在的丸之内，同新宿位于不同商圈，因此无须担心存在竞争关系。对方还指出了店铺风格相似的问题。但是，中川政七商店这一经营形态，在"KITTE"的并不是第一家。而且，"大日本市"原本作为一个展览，就是由我们一手办起来的。因此，从某种意义上来说，两家店铺有相似之处，也是理所当然的事情，但我实在想不到会有谁因为这件事而利益受损，或是有了不高兴的情绪。我觉得遭受这样的指责本身，就是遭受到了不讲理的待遇，因此感到非常愤怒。

说到底，之前不是说好，赞同我们"振兴传统工艺"的这一愿景，说要一起做下去的吗？为了实现这个目标，那么流通的出口，理应是越多越好。新店开张，正应该高兴，不存在觉得不满的理由。

从那之后，对方又设了几次局，就这一问题进行协商，尽管到最后，对方也挽留了我们。然而，一旦生出不信任感，想再抹去就太难了。和"大日本市"成员们打过招呼后，我决定关闭店铺。尽管是自己做出的决定，但是毕竟同以往的中川政七商店不同，这是大家同甘共苦一路走来的"大家的店铺"。这个店铺要消失了，这让我发自内心地感到难过。

小型厂商和大型流通机构之间，还是存在显而易见的力量差距。在销售能力很强的店铺，请人家帮忙摆放自己的商品，或是在那里拥有自己的柜台，这对于厂商来说是求之不得的好事。因此，即使流通机构提出一些不合理的要求，只要不至于太过分，最终总会接受。但是，这种关系长远看来，对于双方都没有好处。

正如员工和公司，是互相选择的对等关系，厂家和流通机构，以及同价值链中所有相关的人士之间，都应该保持一种对等的关系，这是我的一大信念。因此，我们的公司在公司内部，对于同我们有生意往来的公司和个人，都坚持不以"商"相称，不叫人家"供应商""加工商"，而是以饱满的敬意和亲切之情，叫对方"供应桑"①"加工桑"。或许大家会觉得，这不过是个称呼罢了，但正是在这些地方流露着真心，不是吗？

---

① 桑：为日语称谓"さん（sang）"的音译。

守护手工艺人的荣耀

不公平的事情，我既不想对别人做，也不希望别人强加在自己身上。旁观不讲道理的事大肆横行，也是受罪。我并不是在装好人，而且自认为也是个麻烦精。但是，专门做袜子的品牌"2&9"诞生的背后，就有着这样的想法。

不过，决定成立"2&9"最重要的理由，还是因为想要振兴奈良的一大本地产业——袜子的生产制造。在奈良土生土长的我，老实说来，对于家乡，过去并没有什么特殊的情感。而且，既然已经高举起了"振兴传统工艺"这面大旗，我们的使命，便是要背负起日本各地的厂商和产地。

因此，除了中川政七商店主打的奈良晒，一直以来，我们并没有特别关照奈良县内的工艺品。但是，看到丸广和庖丁工房为当地增添活力，我逐渐开始觉得，想要振兴奈良，必须靠我们自己。

奈良的袜子产量，现在依然位居日本首位。但是，所有厂商不无例外地都遭受到了低成本国外生产的挤压，大多厂商或是歇业，或是将工厂转移到国外，产量跌落至巅峰时期的一半左右。奈良，原本以高品质的棉产地著称，这里培育起了优秀的厂商，成长为一大重要产地。但是，长此以往，如果不改变这种状况，袜子产业的星光，总有一天都会熄灭，这不过是时间的问题罢了。

另外，还有一个原因，是我自身很喜欢袜子。不论是只是看看，还是选购，都让我觉得非常开心。简约的搭配中，加入一双带一点别致的袜子，似乎就能突显出自己的风格。

如此，一是因为这是同当地的工艺品相关的课题，再加上一点个人的嗜好，请奈良的袜子厂商代工，中川政七商店的第一个袜子的专门品牌"2&9"，于2011年11月11日的"袜子日"诞生了。顺带说一句，2011年是日本开始生产袜子100周年这一值得纪念的年份，而11月11日，由于两双竖着的袜子看起来像"11 11"，因此被制定为袜子日。

许多人不知道在"2&9"商品标签的角落，其实还标有一个小小的动物图案，看这个图案就能知道这双袜子是在哪一家工厂生产出来的。不了解内情的顾客不知道这有什么含义，或许就算知道了，也并不怎么感兴趣。但即便如此，我们还是加上了这个图案。这是因为，厂商们在一丝不苟地工作，在努力地做出能够穿得舒适、长久的袜子。而标上这个图案，则是出于对这些厂商们的敬意。

绝大多数袜子的中小厂商，都以代工生产（Original Equipment Manufacturer，OEM）为业务支柱。即使对于品质有百分百的自信，厂商们也常常会被拿去同国外的制造工厂做比较。而品牌拥有方等，对于价格和交货期的要求又很严，因此在生产现场众人总是疲惫不堪。不少厂商都觉得，就算做出了好的产品，也不会得到回报。

我们公司的负责人，曾经收到过这样一封信。发件人是来自代工"粹更 kisara"品牌袜子公司的一名员工。内容写的是这名员工参加员工旅游来到东京,逛"粹更 kisara"的表参道之丘店时发生的事。当时,"粹更 kisara"店在海报上标出了袜子制造厂商的名字。据说,大家看到自己怀抱着自信送出的产品,附上了自家公司的大名,陈列在表参道之丘,都感动不已。

这家公司,虽然也是国内较大的一家代工生产厂商,但是似乎除了我们,其他品牌拥有方并不太愿意这样做。要说毕竟所谓代工生产,也就是如此了,但是,如果厂商们感受不到喜悦和自豪之情,在这种情况下,真的能够坚持去做出好的产品吗?爱马仕的包包上,就印有什么时候、在哪个工坊、由哪名工匠制作等一目了然的刻印,其中便凝聚着工匠们的荣耀。

不论是价值几百万日元的包包,还是几千日元的袜子,厂商们想要制作出好的产品、通过自己的工作创造出价值,这种心情理应都是相通的。即使身为一家代工生产,需要的也不仅仅是维持经营。倘若无法找回那份"造物"的荣耀,那么产地也不可能实现真正意义上的复兴。

追溯到更早以前,于 2005 年启动的"加号策划"(Plus Project)中,也蕴含着这一层含义。这是一项同追求在造物中精益求精的厂商和匠人们通力合作、开发商品的联合策划。

第一期策划的内容为"＋前原光荣商店"品牌的阳伞。前原光荣商店是一家包括皇室在内,受到众多名人喜爱至今的高级洋伞老店。我们请这家公司制作使用麻料的伞,标上"游中川"的品牌,进行销售。在这个"加号策划"中,我们直接把前原光荣商店的大名拿到了前面来，让大家能够看到制作方的身影。

也有人认为，对于我们这些制造零售业的公司来说，公开展示代工生产厂商的名称，并不是一个上策。反之，不告诉任何人，而把手艺高超的工艺厂商揽在自己的怀里，要说我们没有动过这个念头，也是谎话。只要竞争对手拿着同一家厂商制作的产品，以更加低廉的价格进行销售，我们无疑会大伤脑筋。但是，如果代工生产厂商的业务，从结果上来看，能够做得更广，我们也应该把这当作一件好事吧。

比起去想方设法地一手揽住厂商，如果工艺厂商因为能够看到自己公司的大名，在工作中感受到更多的成就感，那么大家既能制作出更好的产品，也能够加深同我们公司之间的联系。而这种纽带关系，对于中川政七商店而言，才正是无可替代的财富。

实际上，前原光荣商店一方在那之后，还向我们提出希望进购中川政七商店的麻料，用于新开发的自有品牌。原先，是我们委托对方制作，再进行采购、销售，而这一单向的联系现在变成了双向的往来。由此，我们的合作关系也比之前变得更加宽广、更加强有力了。

彬彬有礼地做生意

我的家境并没有特别富裕，但是打小不论是在学习上，还是在体育运动上，我都是在"接下来就看自己努力了"这样的什么也不缺的环境中长大的。要是问我有没有饥饿精神，我也只能坦诚相告，并没有什么饥饿精神的。

经营公司，也是因为一步步向"振兴传统工艺"这一愿景靠近，实在令人高兴，我也认为其中有大义所在，才在做的。并没有什么想要争口气给谁看，或是成为亿万富翁给大家瞧瞧这样的执念。或许也有人会觉得我这样的态度比较天真吧。

但是，我认为"合理利润"是非常重要的。利润是通过实业为社会提供某些价值的证明，也是企业想要长存所不可或缺的。但是，并非说正因如此，就要追求利润最大化。买方（顾客）、制造方（工艺品厂商）、卖方（中川政七商店）都能够合理得益，然后还要贡献社会，因此不仅是三方得利，而要以"四方得利"作为理想的目标。

那么，对于现在的中川政七商店来说，多少才算是合理呢？应该是营业利润率在10％左右吧。如果这个数升到了20％，那么就可能有其中某方在某处无法确保其合理得利了。

顺带说一句，10％这个数字，是由据称"对利润有着坚定信念"的松下幸之助先生设定为合理的数值水平的。当然，随着时代和行业发展的变化，"合理"的定义也会发生改变，它并不是一个绝对性的指标。但是，我自身在经营公司时，一直把这个数字放在心中。不论是同制造厂商，还是同包括"大日本市"成员在内的伙伴企业之间，我们都要进行公平的交易，让各方都能够合理得利。

只是，随着公司做大，或是业务扩张、交易关系变得复杂后，事情的进展也没有那么简单了，这也是事实。譬如，"大日本市"成员和中川政七商店之间，关于合作开发的商品，并不会签订专利合同之类的东西。姑且，还是确定了一定的佣金。但是，除了展览和中川政七商店的直营店以外，各个成员通过单独渠道销售出去的部分，我们的公司并没有掌握其营业额情况的办法。这时就会出于信赖关系，基于各个成员的自主申报来计算佣金。只是，即使申报有误，我们既没有办法进行确认，也没有办法指出来。

我们同"大日本市"成员的代表之间有信赖关系，所以我觉得这样做也没有问题。但是，随着时间流逝，双方都在成长，等到并不了解我们在开展咨询业务当时以及在那之后的来龙去脉的员工，成为各自的对接窗口时，同样的道理还行得通吗，总归是有上限的吧。但即便如此，我也不想在合同中，用条条框框绑得死死的。能不能不是去套用现有的法律和规则，而是建立起一段以信赖为基石，又能不侵害到彼此的自由和权利的、宽松的联系呢？我们正在摸索之中。

编辑工学研究所的所长松冈正刚先生曾对我说："你们是在特别彬彬有礼地做生意。"那时，他听到我们公司对于营业的态度是非常淡泊的，还替我们担心这样有没有赚头。他虽然没有指出我们同利益相关者（Stakeholder）之间的关系，但是说到"彬彬有礼地做生意"，正点出了中川政七商店真实的一面，我便把它当作一句褒奖领受了。

不论在营业上，还是对于同伙伴企业之间的关系，我还是不擅长步步紧逼的。一说到工艺，整个日本不论走到哪儿，都能看到有中川政七商店投资的厂商，在生产着中川政七商店风格的商品——这样的景象，并不是我们想看到的。与此相对，在各自的风土上，由厂商们发挥个性，打造出多种多样的工艺品，购买一方也随着自己的喜好来挑选，这才是自然的风景吧。

因此，我们不会把厂商当作承包企业，去剥夺大家的自主性和荣耀感，也会非常开心地支持大家自食其力、实现经济独立。并非只图自己方便，将自己的做法强加于人，全部染成一个颜色，而是想要一根一根地纺出同厂商和产地之间的线，去编织工艺的未来。

不辞辛劳、不畏风险

继袜子品牌"2&9"之后，专门做手帕的品牌"Motta"于2013年初次亮相。实际上，手帕同中川政七商店，有着不浅的缘分。

一是虽说我们是一家创业历史长达300年的老字号，但我们整个家族用起东西来都有些漫不经心，不太宝贝。二是由于明治时代，我们碰上了一场火灾，导致古时候传下来的东西，几乎所剩无几了。只有一次，我们无意翻出了1925年参加巴黎万国博览会时展出的麻制手帕。手帕被收在一个塑料袋里，夹在两块没什么用的纸板之间，被随便地扔在架子的角落。

在巴黎万国博览会上展出的手帕，以及获得的荣誉证书

　　这些手帕，使用的是极细的手工纺织的料子，带有手工刺绣。花纹既传统又新潮，有菊流水纹、唐草纹、鸟草木纹三种。现在要是做出同样的手帕来，一块都应该不下几十万日元。这三种纹样中，我们于2008年为了纪念"游中川"成立二十五周年，复刻了唐草纹的图案。又于2016年，作为300周年纪念商

品，复刻了各个纹样，有幸都受到了热烈的欢迎。

在人们举办巴黎万国博览会的 20 世纪初，手帕还是高贵的象征，人们还会比拼在手帕上加蕾丝和刺绣等的装饰技术。然而，到了现代，人们更加喜欢吸水性强、不容易起皱的小方毛巾和纱布的质地。据说有许多人，甚至都没有带手帕的习惯了。不论走到哪里，卫生间都备有烘手器和擦手纸巾。因此，即使没有手帕，也不会觉得有多么不方便吧。当然，女性们也对需要熨烫、装饰性强的手帕敬而远之，它的市场也在一直走低。

不过，我认为手帕卖不出去的原因，不仅仅在于现代的生活习惯和环境。买不到自己想要的手帕，有这种感受的人们，理应也不在少数。我们去百货商店，现在依然能够看到在一楼的醒目位置，非常漂亮地摆放着五颜六色的华丽手帕。老实说，这些手帕都是大同小异的。大部分手帕都是著名品牌，或是国外设计师授权贴牌的商品。印花看起来虽然很漂亮，但是需要熨烫，吸水性也不太理想。如果是送人也就罢了，但如果是自己用的话，还是不由得会沉思一会儿。

因此，要成立手帕品牌，我们首先决定，要做出无须熨烫、吸水性良好、让人爱不释手又能够一直用下去的手帕。即使带在身上走了一天，擦擦汗、擦擦手，也不会变得软塌塌的，看起来依然能够保持清洁感。这样想来，还是要选择棉麻质地。比较起来，手工纺织也会比印花更加适合。

然而，这并不是一件轻而易举的事。如果是拉紧绷直，表面没有高低不平的、薄的料子，那么缝制起来也简单。但是，手感又厚又粗硬的料子，边缘的处理就对技术有所要求。想要寻找愿意帮我们代工的工厂也很费劲。而且说到纺织时要用我们独家的料子，生产的批量也会不得不往上走。市面上充斥的，都是便于纺织的、即使是小批量也容易实现商品化的印花手帕。这背后就有着这样的内情。

　　既然如此，那么我们也做印花吧——我们并不会这样做，因为中川政七商店有自己的风范。为了将价格控制在合理的范围内，我们决定即使要增大生产批量，也要使用自己满意的料

自有的产品品牌——"Motta"的手帕和"2&9"的袜子

子来制作手帕。不承担风险，也就做不出好的东西。

在制作"THE"的玻璃杯时，我们也遇到了同样的事。想要量产新的造型的杯子，就需要从模具开始制作，而它的费用很高。想要回收用于模具的初期投资费用，以实在的价格去卖，就只能增大生产批量。尽管品牌才刚刚成立，还没有做出任何实际业绩，我们却从一开始就下定决心要将产量定在一个可观的数字，这是一件需要勇气的事。

最终，我们决定将"THE"株式会社的资本金，几乎全部投入到了模具的费用中，开始量产。正是因为出资人就是决策人，才能做出这样的决断。要是还有其他的股东，或许这就很难办到。顺带补充一句，托这个杯子走红的福，品牌"THE"现在依然经营得风生水起。

如果一味想要避开麻烦、降低风险，那么这件事情本身可能会失去魅力，市场也很快会走向萎缩。在 MBA 的融资课中，老师曾经教我们利用净现值（NPV）等指标，去计算某一业务会创造多少价值，以此作为投资的判断基准。但是，通过这些方式，恐怕并不能够打造出真正的新的市场和富有魅力的商品吧。

如此，做判断最终还是需要调动直觉，别无他法。被称为"文化巨人"的松冈正刚先生，曾经这样评价我："虽然中川先生才学不高，但在决策上从来不会出错。"做重要的判断时，我靠的都是自己的第六感。我想，这正是身为一名经营者、一名市场营销师所必须掌握的一门重要的武器吧。

非常幸运的是，"Motta"和杯子都顺利地走上了正轨，我们为社会输送的手帕，也一直贯彻着当初设计的品牌概念。出门时，还能听到母亲喊一句"手帕带了吗?"——我希望，在日本能见到的这种景象，再往后十年，甚至二十年，还能见到。

"热爱"的力量

松冈先生给予的评价实在令人感激，不过当然，即使是我，也时不时会有判断失误的时候。就连迅销公司（Fast Retailing）的柳井正社长，都声称是"一胜九败"的。因此，不可能存在没有失败经历的经营者，没有这样的人。

因此，普通的经营者，看到业绩增长蒙上阴影，或是因为寄予了很大期待的新商品却扑了个空、白忙活了，总会变得怯懦起来，想要找一些理由来解释。通过组合各类信息进行分析，或是选择倾听顾客的声音，这些都是一度非常流行的市场导向（Market-in）的手法。

但是我一贯主张认为，"造物"理应是产品导向（Product-out）的。只要我们这一方在享受造物这件事，为顾客生产、提供我们自己发自内心真正热爱的产品，那么一定会有对此感到共鸣、愿意选择这款商品的顾客。尤其是当下，通过互联网等，我们有了一个能够非常便捷地传达工艺厂商所思所想以及产品背后故事的渠道。因此，即便只有一人在津津有味地认真工作，也一定会出现声援的一方。我想，顾客们无法感受到我们的热爱，那是因为工艺厂商的热情还不够。

在策划中川政七商店 300 周年纪念商品时，我们也遇到了这样的问题。身为商品策划行家的员工们中，竟然怎么也拿不出让人"哇！"地眼前一亮的策划。多是一些刻板老套的点子，完全感受不到大家真的在享受这份工作。我也非常罕见地责备他们"这样也称得上是专业的吗？"

同一道题，出给学生们，先不论最终能否实现商品化，我想学生们一定能够拿出更多灵活生动的点子。负责商品策划的员工们，从前也是能够做到这一点的，但或许是在日复一日的工作中，已经忘记了那份无拘无束和快乐的心情。即使有了经验的积累，掌握了将创意实际打造成商品的知识技术，但是，要是那份热忱已经褪去，经验和技术也派不上用场。

顺带说一句，300 周年纪念商品中，选用了我的两个点子。一是日本工艺版的大富翁。通过将日本工艺的历史和产地，以及工艺作品加入这款世界最流行的大众桌游中，不仅仅是大人们，我们也希望能够让孩子们发现工艺的魅力。

另一个点子是同明治牛奶巧克力合作的策划，我们在大家熟识的那款巧克力色包装上，点缀了中川政七商店的两头鹿。据说这是牛奶巧克力的首次企业合作。实际上，到这项策划落地之前，我们也吃了不少苦头。提交的三个方案，都被打回来了。第三次推心置腹还没有用，等到第四次推诚相见，这一合作策划才终于得以实现。能够赶上 300 周年，真是太好了。

说到为什么如此执着于牛奶巧克力，是因为它是我的最爱。

当然，一些专门做巧克力的知名店铺，那里的巧克力也真是美味的。然而，不逊色于其华丽的外表和包装，价格也是无比奢华的。说起来，不由得让人觉得，毕竟价格在那里，好吃也是理所当然的。

与此相对，明治牛奶巧克力的定价，就往下压了一些。即使是小朋友们，也可以拿自己的零花钱，轻轻松松地购买，没有什么负担。我读小学的时候，不怎么爱吃甜食的母亲不知为何单独喜欢牛奶巧克力，我常常会买一些给她当作零食。

长大开始做这行生意后，对于明治这一品牌的信念——自打发售以来，就一直坚持生产价格实惠又不偷工减料的纯可可脂巧克力（Pure Chocolate）——有些自说自话但却萌生出了一股认同感。虽然牛奶巧克力是大量生产，而我们公司是少量或是中量生产，有着这样的差异，但以实在的价格为顾客提供实在的商品，我们秉持的理念却是相通的。

由此，以牛奶巧克力粉丝自居的我，从这一策划正式敲定很早以前，就一直幻想着我们的合作商品摆放在柜台的那一天，连海报上的文案都早早想好了。在我们的店铺中摆放的所有商品，都源自像这样被戳中"热爱"开关的每位员工的心意。

摸索不会危及企业存亡的极限速度

从在咨询服务方面不断做出成果，在流通支持方面，"大日本市"也开始受到关注的 2011 年左右开始，在公司内部的士气和工作的质量上，出现了越来越多让我觉得有些不对头的地方。我越发强烈地觉得，我们应该能够做得更好，这不是我们真正的水平。

我们当时登上了在流通和市场营销业界富有影响力的报纸《日经 MJ》① 的头版，或是在全日本空输株式会社（ANA，简称全日空）的旅客广播节目中登场，我得到了更多媒体曝光的机会。2012 年包括合著在内，我共出了两本书，使得包括那些不怎么关注工艺的人们在内，中川政七商店的知名度都有所提高。一开展会，每回都是如约而至般的盛况。或许从外界看来，我们像是在讴歌自己的黄金时代吧。

但是在我看来，公司内部不脚踏实地，甚至有些飘飘然的氛围，让我一度非常担心。既然都在帮别家公司的忙，自家公司一定安稳得很。虽然谁也没有这样说，这样的氛围却在蔓延。公司规模不大，但大企业病的兆头已经非常醒目了。

首要原因在于，我在咨询业务上用力过猛了，把公司内部的事务全部交给品牌经理和各个部门的领导，净为别家公司绞尽脑汁。我一度放心地认为，包括品牌经理在内的领导班子，已经发展得像模像样了，因此只要交给大家就行。但这似乎有些过于自信了。

我的第一本著作《奈良小企业在表参道之丘的开店史》，书的腰封是请星野度假村的星野佳路社长来写的。我还记得，为

---

① 日经 MJ，Nikkei Marketing Journal，旧称日经流通新闻。

了请他帮忙，第一次拜见星野先生时，他曾对我说过这样一句话："自己能做到的事情，别人也能做到，最好不要抱有这样的想法。"

坦诚地说，当时我还有些摸不着头脑。但随着业务扩张、公司做大后，我终于慢慢体悟到了这个理所当然的道理——不可能大家都能够样样做到和自己一样。尽管大家做事都认真而又细致，但普遍对待下属比较温柔，因此公司内部蔓延开了一股松散的气氛。

我还曾经把员工们召集起来，发了一顿火。打出"振兴传统工艺"这一响亮的招牌，不仅要顾好自家，还要照顾别家，这当然是一件不容易的事。明明是大家对这一愿景持有共鸣，才聚集在这里，但要是只有这几分决心，只能把工作做成这几分好，那么根本不是帮别家的时候。要不要撤下这块招牌，专心打理我们自己的生意呢？员工们投向我的强烈目光，像是无声的呐喊，告诉我大家并不愿意。

最初打出这一愿景的时候，有的员工不太明白说的是什么意思，直直地发愣。而在看到丸广和庖丁工房通过咨询服务、实际起死回生的样子，也明白了"原来是这么一回事"。但是，大家总有一个想法，认为即便如此，"咨询服务只是社长的工作，同我们没有什么关系"。

这可不对。即便没有直接参与到咨询服务工作中来，通过媒体等来传达商品的魅力、通过实打实的销售管理来为流通提供支持、在店铺里做销售工作让顾客将我们的工艺品带回到大家的生活中去，中川政七商店所有员工的工作，都同我们这一愿景的实现，是紧密相连的——我一有机会，就会同大家讲这个道理。

有这样一个家喻户晓的故事。问正在用石头砌城墙的工匠："你们在做什么呢？"一人回答："你看了不就明白了吗？在堆石头呢。"另一人答道："我在造日本第一的城楼。"不用多说哪名工匠能够更快、更结实地建出高高的石墙了吧。在工作中，是否理解工作的愿景，将会带来不同的结果。

不论是咨询服务，还是商品策划、店铺内的接待服务，当然后勤管理的工作也是一样，在我们公司内部，没有任何一项工作是同我们的愿景脱节的。我一直坚持着这一说法，现在终于也感受到了一些反馈，觉得员工们开始将这一愿景，当作"自己分内的工作"了。

如此，在感到公司内部的理解程度还不够、需要牢牢把关的地方还做得马马虎虎时，我一直坚持遇到问题，不能糊弄过去、草草了事。如同巨大的金字塔，是由一块一块的石头堆砌而成一样，公司的业绩也源于点点滴滴的日积月累。这是因为我基于自身的经验，非常清楚要是明明在担心有些地方没有做到位，或是摇摇晃晃的，却无视它们选择继续前进，那么日后一定会从这些地方轰然倒塌，而为此尝到苦头。

我认为，经营者的使命，在于决定公司需要前进的方向和向着这一目标前进的速度。当然没有比早日抵达目标更好的事，但是，如果速度太快，员工们将很难跟上自己的步伐。太快或是太慢都不行，而如何摸索看清不会危及企业存亡的极限速度，我想这正是身为经营者的一项重要的工作。

满足于现状将会就此止步不前，因此我在公司内总是会说"现状是30分"。员工们或许认为，已经这么拼了，怎么还只有30分。但要是打了70分或80分，大家可能就会放下心来而放慢脚步。对于大家的努力和成长，也要给予肯定，在此基础上，也不能忽视那些不足和需要改善的地方，努力再上一个台阶。我们可没有功夫去得什么大企业病。

未能尽孝的遗憾

既然要成立公司，那么总有一天要上市。一定有许多白手起家的企业家是这样想的吧。而我因为是继承家业，所以准确说来，并不在此类。不过，对于公司的上市，我也从来没有这样高的期待。非上市的著名优秀企业也有很多。而且，我也并不觉得公开发行股票，是多么光彩荣耀的一件事。要说我个人从来没有想过通过上市得到一些好处，也是说谎，但我的确没有偏执到那种程度。

那么，为什么一度决定要上市呢？正如我在序言中谈到的，因为我们想要成为引领日本工艺界的夜空中最亮的那颗星。此外，我还希望通过成为一家名副其实的开放的企业，广泛地招募能够成为下一任接班人的人才。

事实上，我的确希望找一名中川家外的人才，来做我们的第十四代当家。我之前也公开说过，希望在50岁的时候引退。（但是在2016年11月承袭第十三代中川政七名号以后，我撤回了这一宣言。理由将会在下一章详细展开。）这样一来，时间就比较紧迫了。在我引退之前，想要实现"振兴传统工艺"这一愿景，我怎么想都觉得非常困难。

为了在这一巨大挑战中取得成功，我们只能跳脱出家族企业的框架，将中川政七商店作为为社会群众服务的工具，花费时间，努力向目标前进，别无他法。这也是我立志要上市的一大理由。

但是，公开发行股票也会同时带来许多限制。即使不通过这种方式，我们也逐渐看到了能够实现我们目标的道路，因此我最终选择了撤回上市的申请，这也已经在上文中同大家谈过了。截至目前，我从未因为做出这一决定而感到后悔，恐怕今后也不会，只是有一个遗憾……

我无法忘记，决定要上市以后，向身为会长的父亲汇报时的事情。有许多家族企业，在谈到经营方针时，父母一辈和子女一辈之间常常会起争执，但我们家却完全没有这样的事。我回归家业、加入中川政七商店以后没过多久，父亲对于我们的主力业务——第二事业部，虽然偶尔也会提出一些意见，但最终都是交由我来判断决定。

反之，当业绩增长，媒体曝光不断增加，他也没有特别地夸奖过我，而只是默默地注视着公司的发展。这样一位父亲，对于公司上市这件事，竟是非常罕见地无条件举双手赞成，为我高兴。

父亲离开自己成立的服装公司的经营岗位，刚刚回归家业时，我们还是一家规模很小的家族企业。麻料的需求下跌，通过将茶道具作为新的业务支柱，父亲总算是打破了这一困境。

祖父过世，想到自己就此就要成为下一任当家了，父亲心中全是肩头的重任。据说，父亲由于精神太过紧绷，在祖父的葬礼上，居然没有落下一滴眼泪。而这家小公司慢慢发展壮大至此，要成为一家上市公司了，父亲自然会有别样的感慨。

父亲的一段发言，至今依然成为公司内部的一大话题。那是在证券公司、监察法人，以及公司内部组建的上市筹备项目小组一同参加的启动仪式聚餐会上，父亲在结尾时的致辞：

"我的儿子，一直以来，都是一名能干的孝子。迄今为止，也给我留下了许多美好的回忆。但我做梦都没想过，在我有生之年，中川政七商店能够上市，所以听到这次上市的消息，我太高兴了。不过，一直以来最高兴的，还是儿子愿意回家来继承家业。"

我甚至要怀疑自己的耳朵。似乎这是第一次听到一直嚷嚷着"不用回来，别继承家业"的父亲的心里话。同父亲是初次见面的证券公司的人们，以及担任我们公司外部董事的山田游先生，眼里都噙着泪。光是听到了父亲的这番话，我就已经觉得立志上市就是一件有意义的事。

但是，从本书开篇读到这里的读者朋友们已经知道，这番故事还有一段苦溜溜的后续。从那时起一年半后，我决定撤回上市申请。正如前文中写道的一样，当时我们荣获了波特奖，局势发生了变化，不用上市也能够招募到优秀的人才了。

对于我自身而言，这是经过非常理性的思考后做出的决断。而父亲，嘴上虽说比起公司上市，对于我回家继承家业这件事，更加感到高兴，实际上又难以掩饰对公司上市一事的喜悦之情。而我此举，却眼看着要让父亲失望了。但是，既然已经下定决心，就必须要向父亲汇报情况。打定主意后，给父亲通电话一说，竟出乎意料地得到了一句轻描淡写的回复："是吗？既然你已经决定了，那就这样吧。"我感到肩头的包袱也落了地。

但是，很快，我就领会到，这一想法太天真了。这是因为，从第二天起每天早上，我都会收到父亲的电话轰炸。父亲试图列举出各种各样的方式和选项，想要让我改变中止上市申请的主意。我告诉父亲，您说的每一件，我自己都已经想过了，父亲便说"明白了"，然后挂了电话。他并没有就此信服，而是在想别的办法。第二天早上，又会打电话来，提出同昨天不同的可能性。当我答道，这个我也想过了时，他又说"啊，是吗"，而放下电话。这一波电话轰炸，足足持续了三天。

父亲在那时患上了癌症，医生告诉我们，他已经来日不多了。我并没有后悔撤回上市申请这个决定，但是想到父亲对于上市的计划是那样高兴，我却没有尽到最后的一份孝，这实在是太遗憾了。

近来，我又开始重新思考就任社长时，父亲曾对我说的那句话的含义——"不要被任何事情困住脚步。把生意做下去，要优先这一点来思考问题。"我也是把觉得应该要做的事情放在第一位。我认为理想的结果是，中川政七商店能够为社会所需要而存续发展下去。同父亲的想法，看似相似，又略有不同。

　　不过，在过去的300年间，正是因为包括父亲在内总计十二代当家拼命努力保住了我们的生意，才有了今天的中川政七商店，这是不容否认的事实。而父亲的话，也深深地印在接到第十三棒的我的心里。

作为三〇〇周年纪念作品打造的两头鹿。左右分别使用尖端技术和传统工艺的技法，表现新旧的对比。

第六章

迎接三〇〇周年

"大佛生意"招致的负循环

2013 年，中川政七商店迎来了新的挑战，"日本市策划"启动了。生产伴手礼的全国各地的厂商，同当地的伴手礼品店之间，看似近在咫尺，实则远距天涯。通过我们公司加入其中，来打造只有在那片土地才能购买到的伴手礼，以确立一套工艺品地产地销（本地生产、本地消费）的模式为目标，我们在进行这样的尝试。

说到伴手礼，大家有一个怎样的印象呢？要是被别人知道自己出门旅游了，实在没法空着手回去，因此只好匆忙地跑进机场和列车站台的商店。去年的九州地区①和今年的东北地区②在销售的伴手礼，似乎并没有什么不同，总归买足了回去分给大家就可以了。正因如此，轮到自己头上，对于伴手礼也并没有什么期待。这应该是大家对于伴手礼的一般印象吧。不知是从什么时候开始，伴手礼沦为这样一个令人唏嘘的存在呢？

关于伴手礼的由来，虽然也有多种说法，但人们大多认为它源于参拜伊势神宫时的"宫笥"③。古时，为了能够前往对于庶民而言遥不可及的伊势神宫参拜，人们会组建被称为"講"（讲）的组织，共同出资、选出代表，把这名代表送到伊势去。

---

① 九州地区：日本四大岛屿中，位于西南部的岛屿，为福冈县、佐贺县、长崎县、熊本县、大分县、宫崎县、鹿儿岛县 7 县的总称，有时也包括冲绳地区。
② 东北地区：位于日本本州的东北部，为福岛县、宫城县、岩手县、青森县、秋田县、山形县 6 县的总称。
③ 宫笥：与日语中表示伴手礼，与土特产的"土产"读音相同。

代表一方会收到"饯别"（临别时赠给的礼物），与此相对，会为"講"（讲）这一组织的成员们购买带回贴了神符的板子，即"宫笥"。不论对于赠礼一方，还是收礼一方而言，这份礼中都凝聚着人们对于这一旅程的殷切期盼，是非常宝贵的。伴手礼由此发展而来。

由于日本人非常讲究礼节情分，因此，旅行和伴手礼之间，已然是难以分割的关系。旅游伴手礼品的市场大约在 36 000 亿日元，据说这个数字同 30 年前几乎没有什么变化。唯一变化的是其中食品和其他类型商品的比例。30 年前几乎是对半的，而现在已经降到了食品八成、其他类型商品二成的比例。由此可以窥见，出门旅游购买伴手礼的习惯依然还在，只是大家越来越少购买食品以外的商品了。

下面是我的一点推测，我想这是因为大家买不到除食品外其他想买的伴手礼了。各地区的"公路服务区"①，依旧是一番兴荣的景象。在这里可以看到，游客们也不担心增加行李，在大量地采购当地生产的新鲜食品，以及使用这些食材、由当地企业加工的食品。

另一方面，像人偶、陈列品、服饰类商品、餐具类商品等食品以外的商品，却在店铺的角落里蒙灰。样子脏兮兮的，不

---

① 公路服务区：又译为"道之驿"，是由日本国土交通省负责注册登记的一种公路设施，设置在一般公路旁，兼备提供卫生间与休憩场所、销售地方特产、提供当地旅游以及产业信息等综合功能，类似设置在高速公路的服务区与休息区等。

禁引人胡乱猜测，是不是已经在这里摆了好多年了。

这些非食物商品不论是品味还是品质，都不敢恭维。如此一来，要送给别人也觉得难为情，当然也不会想要把这些东西买回去自己使用。

仔细寻找一番，当然也能找到一些使用当地闻名的手工技术制作而成的民间工艺品和杂货等有趣的玩意。虽然称不上是规规矩矩的传统工艺品，但其中也倾注着一直以来工匠们的热爱之情，洋溢着可爱的气息和质朴的风格，引人颔首称赞。不过，这些只是极少的一小撮罢了。

由于卖不出去，厂商数量锐减，当地的伴手礼品店铺也已经摸不清有谁在生产什么商品了。剩余为数不多的厂商，像是当作业余爱好在玩玩一般，不考虑销量，只按自己的节奏在生产想要生产的东西，商品种类不齐全，流通量也不稳定。

如此一来，即使存在有想法的、希望摆放当地独特商品的伴手礼品店铺，它们的大部分商品也只能依赖批发商，从那边进货。结果，在当地生产的"真正"的伴手礼的踪影慢慢消失，也越来越卖不出去——陷入了这样的恶性循环。

说起来像是骗人的，我曾经听说有人在某家专门做伴手礼的批发商的目录上，看到一张商品同喜力牌（hi-lite）香烟盒摆放在一起的照片。想到现在的吸烟率，喜力牌的烟盒大小恐怕很难符合现在的标准尺寸，或许这家批发商从几十年前起到现在，都在使用同一款商品的同一张照片。不知道企业为了自身的发展究竟都在什么地方下了功夫。

然而，多数伴手礼品店铺都会从这样的批发商那里进货。这是因为大家认为不用特意花费精力去寻找好的商品，游客们也愿意消费。如此，隔壁的店铺，以及再隔壁的店铺也在以同样的价格，销售同样的商品。不论走到哪个景点，都能看到这种不可思议的景象。即便如此，因为凑合着多少能卖出去，大家也完全不上心。

有一个词，叫"大佛生意"，形容的就是这样的状况。拜大佛所赐，参道两旁鳞次栉比的商店和餐饮店，都是做游客生意的，不用多么努力，生意也能做下去。只要盘起腿来，等待客人进门即可，因此被称为"大佛生意"。

不用认真经商，也能有凑合的业绩。为此，食品以外的伴手礼品的质量越来越差，游客们想买的东西也越来越少，伴手礼市场上工艺品的需求每况愈下。这种负循环，我想恐怕正出现在日本全国的旅游景点。可以说，当下伴手礼行业的困境，是这个行业自身一手造成的。

伴手礼中蕴藏的巨大商机

从工艺品的世界来看，对于伴手礼正处于的这种现状，我们又能找到新的解读。伴手礼市场的整体规模为 36 000 亿日元，要是能够像过去一样，将一半市场拿回到非食品这边来，那么光是这个市场规模，就要达到 18 000 亿日元。在除食品以外的伴手礼中，要是能够占上几成，那么手工艺的市场规模也能够一口气扩大许多。也就是说，伴手礼作为工艺品打入外界的出口，蕴藏着极大的可能性。

其潜力不仅仅在市场规模方面。对于那些总觉得与工艺无缘的年轻人，以及过去一直对日式杂货不感兴趣的人们来说，在旅途中遇到了心仪的伴手礼，理应也能够被打动而试着买一两件。以此为契机，在经常前往购物的商街和商店里，大家也会开始关注到工艺品。从这一层含义上来说，伴手礼作为进入工艺品世界的入口，也大有可期。而且日本全国所有的旅游景点以及人流聚集的地方，都开有伴手礼品店铺，因此为了振兴传统工艺，没有比这更合适的门路了。

问题在于如何为有想法的工艺厂商以及伴手礼品店铺穿针引线。如果要从遥远的其他地方进货销售，那么这同过去也并没有什么不同。出自各地厂商之手的、在自己那片土地上才能看到的工艺品，由当地的伴手礼品店铺进行销售，这种地产地销的模式，才是原来应有的模样。但是，这两者虽然地缘相近，在生意上却并没有什么接点，甚至说到底都不知道对方的存在，这样的例子并不罕见。因此，我想到由我们的公司来承担将两者联结在一起的使命，来打造一个能够让需求与供给流动起来的小的循环模式。

我们会向厂商提供商品策划和设计，请他们生产能够成为好的伴手礼的工艺品，由中川政七商店进行收购，再批发给伴手礼品店铺。对于伴手礼品店铺，我们为其提供的不仅限于原创商品的开发，还包括关于促销和运营店铺的策略等。以合适的价格收购合适数量的商品，由此，厂商可以将生产伴手礼作为一项业务发展下去，伴手礼品店铺也无须承担库存风险，就能够实现吸引顾客、提升销售额的效果。当然，游客们也能购买到每个地区独特的、地道的伴手礼。

销售一方、生产一方和来访的一方，围绕伴手礼的三方，能够通过中川政七商店搭的一把手，变得更加幸福一点点。这就是"日本市"策划。我们将与我们一起致力于打造出当地优秀伴手礼品的伙伴店铺亲切地称为"仲间见世"。

函馆机场的"仲间见世"——函与馆，在此销售扎根于当地传统和工艺的伴手礼品。

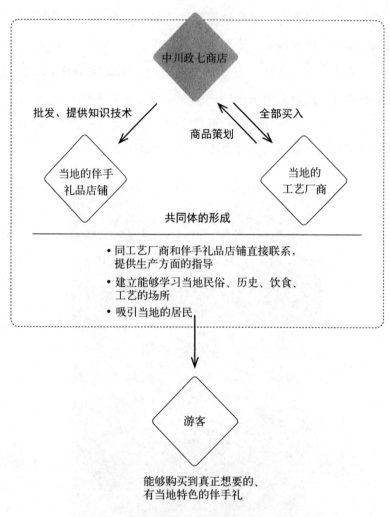

"日本市"策划的流程图

"仲间见世"的一号店，开在太宰府天满宫。赶上重新装修旧的旅游问询处，由中川政七商店为在附近设立的伴手礼品店铺的商品开发、运营、顾客接待、柜台设计等方面提供了支持。以太宰府的名产"梅"和那一年的干支为元素，将年度织物（Annual Textile）做成了包包和手袋等小物。此外，还开发了福冈当地的工艺品——由博多水引①绑结装饰的祝仪袋②等。销售额涨到了改装前的六倍。

　　其后，"仲间见世"从出云大社前，开到了金泽、城崎温泉、函馆机场、伊势神宫前，数量不断增多，近期我们还有在镰仓开业的计划。此外，在我们当地奈良以及羽田机场内等地，还开设了六家直营店，有人认为，或许应该全部开成直营店，但是，我还是认为伴手礼品是如此有当地特色的东西，那么销售伴手礼的店铺也应该要由扎根于这片土地、一直在这里做生意的本地人来负责经营为好。

　　在商品策划和商品生产方面，一开始，我们会为大家提供知识技术，进行全方位的支持，但是为了最大限度地发挥出这片土地的个性，理想的目标还是请大家都慢慢地实现独立。其中，函馆机场航站大楼公司的员工们，负责运营位于函馆机场内的"仲间见世"五号店，就成了一个很好的范本。

　　过去，大家从事的都是航站大楼的设施管理以及管理会计

---

① 　水引：花纸绳。
② 　祝仪袋：礼金袋，相当于中国的红包。

等比较死板的工作，但通过工作坊（Work Shop）先学习基础，后又同我们一起实际着手商品的策划和设计，眼看着能力越来越强。现在大家更会从商品推销（Merchandising/MD）的角度切入思考，然后在头脑风暴（Brainstorming）中展开激烈的争论，已经能够自如地掌握商品开发的一整串流程。同当地的工艺厂商之间也搭建起了桥梁，逐渐摆好了自主、可持续的生产销售阵势。

我们的目标，虽然并没有像"地方创生"① 等那般宏大，但是，如果通过伴手礼，能够振兴当地的工艺厂商，由此，让各个地区更加富有活力，我们也会感到非常高兴。

我在公司内部一公布要在 10 年内将"仲间见世"的数量增加到 100 家这个消息，马上引起了一阵小小的骚动。我想这是因为大家有许多疑问交织在一起吧，譬如"是认真的吗？"和"由谁来做呢？"等。我当然是非常认真的，而且也认为这个目标是完全可行的。

请大家想象一下，"仲间见世"的招牌一映入眼帘，游客们便心潮澎湃起来，想着"或许能够买到什么好的伴手礼"，而忍不住往店里头张望。我想，能够在日本全国的各个景点看到这般景象的那一天，也一定指日可待了吧。

---

① 地方创生：2014 年由日本首相安倍晋三提出，指的是针对人口和就业减少的现状，期望各乡镇能因地制宜，自主发展在地经济，让人口回流，再创生机。

奢侈品牌的前景

如果将工艺的世界比作一座金字塔，那么薄利多销的伴手礼，大概相当于金字塔脚下的部分吧。在我们的生活中，这种在当地生产又在当地销售的所谓"地产地销"，是非常大众的模式。而中川政七商店与"游中川"，以及"2&9""HASAMI"等品牌，则相当于金字塔中层的部分。将产自日本各地以及特定产地的工艺品，在日本国内进行销售。截至目前，这些品牌基本上采用的，都是由国内供给来满足国内需求的形式。

那么，能够摆在顶端的工艺品品牌在哪里呢？这可一下子把我问懵了。定位比较相似的品牌，有爱马仕和 LV，说到手表，有百达翡丽（Patek Philippe）吧。但是要说在日本的工艺品中，有什么能够与这些相匹敌的品牌，我真是百思不得其解。

金属工艺、陶艺、木制工艺、漆艺等，来自日本的、闻名于世界的工艺技术不胜枚举。但是，我们通常只能在神社寺院看到它们，或是有极少数的收藏家愿意购买这些工艺品作为艺术品、用作收藏，或是由曼达林大酒店（Yokohama Mandarin Hotel）和安缦度假酒店（Aman Resorts）等高级酒店在进军日本市场时，配置一些作为日用器具或艺术作品。需求方的数量是相当有限的。

如同爱马仕和 LV，都是由经济较为宽裕的人们，出于对其价值观的认同，将它们买来摆在手边、欣赏玩味。在工艺的世界中，我们理应也能打造出，来自日本的这类奢侈品牌。这三四年时间里，我一边眺望着金字塔的顶端，一边一直在思考这件事。

说到底，不仅限于工艺领域，在服装和珠宝饰品领域，我也不曾看到能够赢得世界的认可的、来自日本的奢侈品牌。从我个人角度来分析，我想这背后最重要的原因，应该是因为在日本，生产经营与资本运营、创意设计都没有分家的缘故吧。

譬如，LV 和迪奥都是从很早的阶段起，就将生产经营与创意设计从创业家族或创业者手中剥离开来。由此，不仅能够让生产经营变得更加稳定，又能通过招募设计师和创意总监，不断注入新的才能，而使品牌能够永葆生机、焕发光彩。

另一方面，工匠（artisan）或是艺术家（aritist）成为创业者，或是引领着一大创业家族。他们的哲学和价值观将作为品牌的内核，被传承下去。在不同的时代，由不同的艺术总监和设计师，以同各个时代相适应的形式呈现出来。这样想来，可以明白，奢侈品牌之所以身为奢侈品牌，并非在于其价格高昂和稀缺性等特点，而在于其自诞生之初就持有的独特的哲学和价值观。

世界驰名的时尚品牌，在日本也是有的。但是身为一名门外汉的我，实在感到非常困惑。许多设计师命名品牌时，选用的就是自己的名字。而当这些设计师自身引退后，将由谁来接手这些品牌呢？或许，与之相关的一大问题，就在于生产经营与资本运营、创意设计没有好好分家吧。如果能够解决这一点，那么，日本的品牌理应也完全有能力问鼎金字塔尖。

现在，在日本的工艺界也有许多大咖，不仅有着一手技术，还有着足以让世界为之着迷的哲学和价值观。譬如，身为染织家的国宝级人物①志村福美女士。志村女士不使用任何合成染料，而使用天然的植物染料来染线，再借助手织机来织成成品布。她的"领受生命、制成色彩"这一独特的哲学思想，深深地吸引着那些已然忘记要同自然和谐共生的现代人。

西方人推崇人为改造自然，而日本人推崇怀着一颗敬畏的心，去走近自然，感谢自然的恩惠，并追求与自然的和谐共处。自然观上的差异，也带来了由此孕育出的文化上的差异。我们的美学——对茶道和日本庭园中所展现的自然之美的演绎——在世界上独树一帜，并赢得了人们的喝彩。可以说，志村女士的染织也是如此，有着走出日本、走向世界的价值。

其实，我曾经有幸为志村昌司先生提供过一次咨询服务。他是志村福美女士的孙子，负责运营网站"Ars Shimura"，用于介绍福美女士染色的工艺世界。我同他谈过好多种可能性，其中我最推荐的是，打造一个来自日本的奢侈品牌，展现给世界。因为我认为，志村女士那深沉而多样的色彩、自然的元素，还有支撑品牌的哲学，在世界范围内也堪称一绝。奢侈品牌的定位，是完全可能实现的。

① 国宝级人物：日语为"人间国宝"，是日本媒体对那些造诣颇深、身怀绝技的艺人和工匠的称谓。日本官方的说法是"重要无形文化财保持者"。

只是，想要成为一个能够站得住脚的品牌，那么，就像为古驰（GUCCI）效劳的汤姆·福特（Tom Ford），以及为圣罗兰（Yves Saint Laurent，YSL）卖力的艾迪·斯理曼（Hedi Slimane）一样，需要设计师和品牌总监，能够将品牌的哲学和价值观，幻化为实用的创造力，这是必不可少的。遗憾的是，在志村先生的咨询案例中，我们在挑选合适人选上迟迟没有进展，最终没能成功树立起这个品牌。

求贤的重任落在我的肩头，我必须要坦诚地承认，其中有自身能力不足的问题。我自己反省，或许是因为没有过向顶尖品牌发起挑战的经验，而给了自己太大的压力。对于位于金字塔脚下或是中层部分的品牌，我已经能够做出自己也觉得拿得出手的实际业绩来。想到下一步，就是向金字塔顶进发了——我鼓足了干劲，却没想到反而事与愿违。

首先，我们需要摸清咨询方公司的经营底子，然后在此基础上，量力而行地打出一支又一支的安打，目标是为了得分，同时在过程中还要努力提高团队协作的能力。在以往的咨询服务中，我都会一直叮咛自己这些内容，而这次却没能照常做好。连续击出几发安打后，我不自觉地背上了包袱，觉得大家都在期待我们下一发就是全垒打了。我必须要深刻地反省自己。

不过，我并没有放弃打造日本首个奢侈品牌的心愿。岂止说要放弃，这个愿望反而一股劲地变得愈加强烈了。

虽说如此，却当然不可能事事顺心。在这里，我就不一一举出失败的例子了。不论是"游中川"，还是中川政七商店，都曾有过因为遭遇挫折而选择撤退的生产线和策划。要是截至选择撤退的那些时间点，的确算是失败的。而打造日本的首个奢侈品牌，目前也正处于这一阶段。

但是，我想只要不言弃，失败就不是定局。积极汲取经验教训，重新制定战略、讨论战术。如此，下一次或许就能取得成功。要是还是败下阵来，那么就瞄准时机，再次发起挑战。如此，只要屡败屡战，相信高冷的成功女神也总有一天，会对我们绽放笑颜。在爬上工艺金字塔顶端的那一天到来之前，我誓不离开这片赛场。

300 周年的纪念策划

中川政七商店，于 2016 年迎来了创业 300 周年。第一代当家中屋喜兵卫开始经营奈良晒的批发业务，是在 1716 年（享保元年）。此后，我们一直都在勤勤恳恳地经营手工纺织的麻料。其中，有我参与的虽然不过是漫长历史中的一小段——短短的十五年罢了，但我从 2008 年就任社长起，就带领着大家继续前进。

都说公司的寿命为 20 年或是 25 年，而我们能够长达 300 年经商至今，这是截至目前同中川政七商店有交集的所有人士的功劳。在此再次衷心地向各位致谢。

并非说长寿就是好事，但我们能走到现在，一定是因为我们以某种形式践行着使命直至今日吧。如果下一个 100 年，我们能够依然为社会所需要，那么一定能够迎来 400 周年。而身为第十三代当家的我，则肩负着制定出一个宏伟计划（Grand Design）的重任。由此，我决定好了，2016 年并非要单单庆祝 300 周年，而要让它成为牵引着下 100 年的一年。

说到周年庆，大多公司都会编纂公司的传记，或是举办纪念庆典活动，但我们的公司，并不需要这些像放烟火般稍纵即逝的东西。那么究竟是出于什么目的，而要举办 300 周年纪念策划呢？那就是，为了让更多的哪怕一人，知道我们"振兴传统工艺"的这一愿景，并且，要营造契机，让更多的人了解工艺。为此，我思考着如何充分利用这 100 年一度的机会，所有的计划就此拉开序幕。

2013 年秋天，由公司内部公开招募，召集了七名精锐，首先就想要、应该要做什么样的策划，展开了一场头脑风暴讨论会。结果会上你一言、我一语的，源源不断的点子冒了出来。而且，每个点子都觉得弃之可惜。最终，我们决定推进的纪念策划多达 20 项。我也觉得实在是太多了一些，但是，它们全都直接或间接地同"振兴传统工艺"是息息相关的。既然如此，我横下了心，那就只有通通做下去了。

所有策划本质上都有着一个共同的概念，那就是"新旧的对比"。其中象征着我们的一大决心——想要通过"温习旧物、获得新知"的温故知新的精神去开拓工艺的未来。

敲定纪念策划时我脑海中想象的是 300 周年的记者招待会的会场。为了能够得到更多哪怕一点点的新闻报道，给人们留

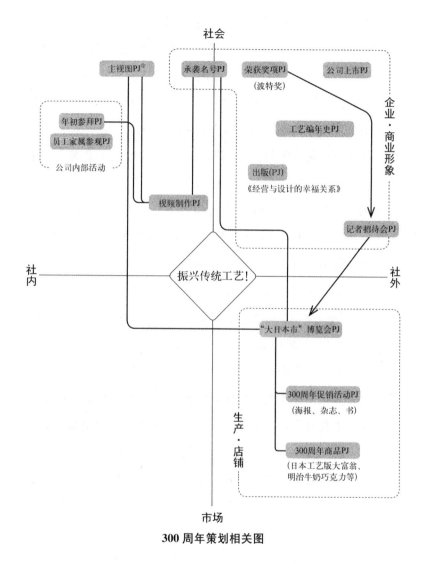

300 周年策划相关图

---

① PJ 为"项目"（project）的缩写。

下印象，除了纪念策划的内容以外，我还想要一张画，能带来视觉上的冲击。由此，我决定制作一幅能够吸人眼球的主视觉（Key Visual）。说到中川政七商店，人们就会想到商标上的两头鹿。我们拜托水野学先生设计用于300周年策划的标志，同时，也决定仿照大家熟知的两头鹿来制作纪念作品。

其中一座运用了包括一刀雕①以及象牙玳瑁工艺等奈良的传统工艺制作而成，为"旧"鹿。另一座以此为原型，运用3D打印机等尖端技术，由雕刻家名和晃平先生担任总监的三明治工作室（SANDWICH Inc.）制作而成，为"新"鹿。

公司的传记就不需要了，但我想要一个能够俯瞰工艺发展足迹的东西。不需要太过讲究，只要能够一边翻阅、一边乐在其中，学到一点知识即可。由此，我们决定编制一本工艺的年代记（编年史）。虽说如此，这可不像是光凭我们自己的力量就能做出来的东西。因此，我决定请教松冈正刚先生。

如果只是回顾工艺的历史，像教科书一样，就索然无味了。由于是立志帮助产地和工艺厂商实现经济独立的中川政七商店来制作，我们不知不觉地谈到，可以从商业模式这个切入点，来回顾工艺的变迁，所以决定把它制作成像时代画卷一般、能够用目光去追寻的屏风画。我拜托日本江户时期学者兼插画师善养寺"SUSUMU"，来负责绘画的部分。

花了两年时间完成的屏风画，既是绚烂而华丽的，又满满

---

① 一刀雕：发挥粗犷笔触的木雕技法，看似由一把刀雕刻而成。

的都是知识点。其中，还设计了许多引人扑哧一笑的小细节，成了世界上独一无二的宝物。

盛冈的天空中升起了我们的广告气球

接下来的课题，不是通过媒体进行宣传，而是如何让大众在身边感受到工艺的存在。为此，我们决定在全国的工艺产地，举办同工艺相遇、学习、体验的活动，题为"'大日本市'博览会"。

"大日本市"博览会，除了是一个能够在这里购买到当地工艺品的市场，同时还会举办脱口秀和工作坊，能够让大家直接看到、接触到工艺。当然，工艺编年史也会参与巡展。2016年1月以东京为开端，我们分别于岩手县（盛冈市）、长崎县（波佐见町）、新潟县（三条市）、奈良这五座城市，进行了展出。

想要让日本的工艺变得更有生机，那么产地就需要在经济上变得更有活力，同时还需要找回那股荣耀感。然而，当地对于朝夕相伴的工艺，实在是早就看惯了，所以越来越难看出其中的价值所在，对于工艺也未必会有很高的评价。

这时，由像我们这样的外部人士"初来乍到"，重新评价"这真是太棒了！"当地的人既不会觉得讨厌，也能够重新发现当地工艺的妙处。我想要将"大日本市"博览会作为这样的一个契机。

在我们举办的"大日本市"博览会中，唯独在东京的这场，有着不太相同的定位。我们包下了东京中城地下一层的将近一半空间，举办了由原日本国家男子足球队的中田英秀先生、水野学先生、山田游先生和我参加的脱口秀。同时，为纪念——同植物猎人①（Plant Hunter）西畠清顺合作的工艺与植物的新品牌——"花园树斋"的首次问世，我们还开办了期间限定店铺等。我们设想，要将它打造成中川政七商店极尽所能办出的最盛大隆重的展览。实际情况完全按照我们的预期，我们得到了多家媒体的介绍，首届"大日本市"博览会取得了巨大的成功，圆满地落幕了。

然而，没有预料到的是，于盛冈市举办的博览会，不论是来场人数还是商品的销售额，都远远地把东京甩在了后头。而且，博览会的举办期间与东京的五天相比，只有短短三天而已。

事实上，我们一开始预测，在岩手要打一场苦战。在波佐见有丸广，在三条有庖丁工房这样的"大日本市"成员，而奈良是我们的主场（Home Ground）。与此相比，只有在盛冈那里，没有我们的同乡。由此，我们在筹备工作上，就花了一年多的时间。除了唯一的一名员工，公司内部谁也不曾料想，岩手县盛冈市的博览会竟然能够迎来那般空前的盛况。

这名员工就是 30 岁左右的策划组长，井上公平君，他负责在岩手举办的"大日本市"博览会。井上君自身同盛冈没有任何的联系，他只身一人来这里闯荡，依靠着为数不多的门路，

---

① 植物猎人：前往世界各地采集珍稀植物与药材的植物学家。

请别人介绍当地的设计师，又同当地银行和商业设施达成合作，由此出发也杀进了工艺厂商的世界。

除了同县内两家厂商打造了共同开发的商品以外，他还设计了特别菜单，在据说新渡户稻造①也经常拜访的餐饮老店"公会堂多祝"，使用岩手县净法寺②的漆器来享用，等等。最后打造出的内容非常丰富多彩，完全堪称是一场工艺的狂欢节。

承蒙当地生活文化类杂志的支持，他还在市内的杂货店、书店、面包店、美术馆等地举办了博览会联动活动，制作了介绍当地著名工艺厂商和旅游景点的地图。这一精心设计能够吸引来访的人们漫步于盛冈的街头，而不仅限于博览会。要是我像下面这样夸赞自己的员工，就成了自卖自夸了，但想必当地的人们也非常同意，在那三天里，盛冈的街头要比往常都要热闹好几分吧。

公司原本对于举办的博览会是什么样的，当然有一个大致的设想。不过，我想，正是有策划组长怀着"我想要把它打造成这个样子"这般饱满的热情全力以赴，才能办出那样充实的展览吧。让大家去做自己喜欢的和擅长做的事情，他们就真的会露一手来。我再一次有了这样的真实感悟。

而这位井上君，"无论如何都不愿割舍"的是从作为我们总

---

① 新渡户稻造（1862—1933）出生于日本岩手县盛冈市，国际政治活动家、农学家、教育家，曾担任国际联盟副事务长，也是东京女子大学的创立者。他是从1984年到2004年间流通使用的日本银行券 5 000 日元的币面人物。

② 净法寺：地名，位于日本岩手县西北部二户市西南部的旧町名，同青森县相邻接。

会场、有着 90 年历史的岩手县公会堂，往空中施放广告气球这件事。我第一次听闻时，也觉得"嗯?"了一下。因为这在费用上绝对不便宜，而且能达到怎样的效果也是未知数。但是，他却不愿意让步。正因为我们是一家非常看重"热爱"的公司，既然他已经说到了这个份上，我们最终决定施放广告气球。只是在数量上，将最初方案中设计的两个减少到了一个。

从结果来看，这个决定真是太正确了。这个气球在当地非常讨喜。一打听，据说是跟一家几年前关掉的当地的老百货店有关，它的屋顶上总是会升起气球，大家都觉得特别的怀念。老实说，博览会期间风力很强，也有建筑物形状的问题，气球在大部分时间里，总是勾在什么地方。而漂漂亮亮飘在空中的时间，其实并没有那么长。即便如此，我想，气球又重新回到了盛冈的天空，这还是一件非常有意义的事。

另外，据说井上君对于盛冈的街道与气球的故事，直到当天，似乎是完全不知道的。或许，是他倾注于博览会的干劲和热情招来的好运吧。

井上君在 2016 年的政七节上，荣获政七大奖。之前也谈到了，政七节为一年一度由全体员工参加的像公司年会一样的活动。在 2007 年，我们的店铺数量超过 10 家，员工数量猛增，我们强烈感到需要步调一致地向前走，政七节就是在这一年开始举办的。政七节的活动以小组活动（Group Work）为主，鼓励大家开心地讨论、积极地思考对于当下的公司而言需要的是什么、怎样才能向着我们的理想蓝图前进哪怕一小步。此外，我们也会请特邀嘉宾来做演讲，等等。其中，气氛尤其热烈的就是颁发政七大奖这一环节。

这一奖项是由员工们互相投票，选出"年度突出贡献人物"。我同领导班子们的投票所占的分值权重，会高一些，但基本上是少数服从多数。因此，很少会出现最终被选上的是同自己心目中不同的人选，有的年份，也会出现选票分散的情况。但是，在 2016 年，井上君毫无争议地以悬殊比分荣获大奖。

属于经营策划室的他，是我的直属部下。他有着巨大的潜力，但时不时地也会爆个冷门（意外地输给实力不如自己的对手），在公司内部也是数一数二的明日之星。而以在岩手举办的"大日本市"博览会为契机，他迎来了蜕变，又树立起了新的目标，向着更高的成长阶段加速往上跑。有的时候，人成长的速度真是令人惊叹啊！

明治、大正时期的政治家，南满洲铁道株式会社的首任总裁，以实施了关东大地震后的城市复兴计划而为人们所知的后藤新平先生，曾经留下过这样一句名言："留下钱财为下，留下事业为中，留下人心为上。"所言极是，不过，我也单纯地有一个疑问，那就是，人是真的可以培育的吗？截至目前，我已经目睹过许多人猛然成长起来的样子，但我并不觉得其中有自己参与栽培的功劳。

最终，不论是谁，都唯有通过同各种各样的人打交道，受到影响，然后自己去思考，在反复失败中不断地摸索，这样成长起来。因此，我们即便不能直接促成某个人的成长，也能够通过人与人之间的交往，来间接地参与到他的成长中来。也就是说，"相伴在左右"是非常重要的。近来，虽然还是朦朦胧胧的，我感到自己似乎终于开始看清了所谓人的培养、人的成长这件事情的本质。

从开始举办政七节到现在，已经过去了九个年头。我想，在共享"振兴传统工艺"这一愿景上，我们已经有了飞跃式的进步。但是，在此基础上，各位员工是否已经树立起了自己明确的蓝图和目标呢？恐怕我们还只能承认，路途依旧非常遥远。

如果用在第五章中谈到的堆砌石头的故事来做比喻，一是要树立起目的意识，就譬如，要比别人更快地建造起更加坚固的石墙，来保护领地内的人们。同时还要确定自己的目标，譬如，想要成为能够为人们所信赖的、天下无双的砌石匠人。如此一来，成长的速度和能力的强弱，同仅仅持有团队的蓝图时相比，一定是无法同日而语的。

我希望政七大奖的投票能够成为一个契机，推动各位员工借此去思考自己是否有所成长，是否已经找到了同公司愿景相连的、无法撼动的、自己的目标。

为波特奖而战

截至目前谈到多次的荣获波特奖一事，在我们的公司内部，实际上这也被定为300周年纪念策划的一环。要是我们能够荣获 2015 年 10 月公布的第 15 届波特奖，就能够为预定于同年 11 月举办的 300 周年纪念记者招待会锦上添花。说来实在不好意思，我们当初就描绘好了这样的剧本。

由一桥大学大学院国际企业战略研究科运营的波特奖，是以经营战略理论的泰斗迈克尔·波特（Michael Porter）教授冠名的。这个奖项用于颁发给通过创新性战略，实现高收益的日本企业。过去获奖的都为佳能（Canon）、711 日本、迅销、星野度假村等佼佼者。对于中川政七商店来说，想要荣获这一奖项，按照正常的思维试想，也明白这并不容易。想要赶在 300 周年这一时间节点上顺利拿下它，这对于我们而言，显然是一个艰巨的挑战。

但是，我还是有胜算的。要说独一无二的战略，确立了工艺界首个 SPA 商业形态的中川政七商店，是完全有举手资格的。为了实现"振兴传统工艺"这一愿景，为了让工艺厂商和产地实现经济独立，并找回"造物"的荣耀，我们也在为许多公司提供面向特定行业的咨询服务。

不仅在战略上稳扎稳打，我们还建立起了以直营店和"大日本市"成员为中心，能够帮助厂商自食其力、成长发展的平台，此外，还设计了关注到伴手礼品市场的"日本市策划"等能够将战略落到实处的创新策划。因此，据说申请报名这一奖项的大企业们，需要以经营策划部门为中心特意组建一个团队，花费时间才能写成的申请资料，我们这边只是由我和几个人非常流利地就写完了。

基于这样的来龙去脉，得知我们获奖的时候，我当然高兴得要跳起来，却并没有感到惊讶。不过，我后来向评审的相关人士一打听，才知道通常这个奖项，单单一回是申请不下来的，很多公司似乎都是挑战了好几回。能够赶上 300 周年，我实在感激。

另外，在第二年，也就是 2016 年，我个人荣获了颁发给独创型人才的日本创新家大奖。说什么创新家，我也有些不好意思。不过，既然我们把那些向普通人意想不到的事情，或是在开始做之前就放弃了的事情发起挑战、开辟新路的人称为革新者，那么，我想自己也应该有这个资格吧。

开始提供咨询服务时，许多人忠告我们，想要拯救工艺厂商是在勉为其难。但是，开启一项没有任何人做过的事业之前，所有企业家恐怕都听过这番教训吧。即便如此，还是要向着自己认为是正确的道路前进。即便有进展不太顺利的时候，也要坚持屡败屡战，最后实现目标。这样想来，创新家大奖于我而言，更是一声声援助威，告诉我要坚持发起下一个、又一个创新的挑战。

荣获波特奖和日本创新家大奖后，令人高兴的是，我们能够登上商业类杂志和电视节目的机会显著增多了。当我在新干线上看到同工艺品和杂货看似无缘的商业人士，在看刊登于《周刊东洋经济》卷首特辑的中川政七商店的报道时，一股感动涌上心头。我们登上东京电视台的《坎布里亚宫》以及《世界商业卫星》时，也引起了很大的反响。

自此，公司员工和应聘者们的长辈们再不用担心："进中川政七商店这种名字都没有听过的公司，真的没问题吗?"

在前来应聘的往届毕业生的阵容上，我们也能看到显著的变化。我们作为一家在做着有趣生意的、充满可能性的公司，有比过去更多的优秀人才愿意前来应聘了。在上文中已经讲到，这也是我决定撤回股票上市申请的一个重要的原因。

波特奖和日本创新家大奖，是对公司新锐特质的褒奖。与此相对，我们还成功加入了总部位于巴黎的国际组织艾诺金协会（Les Hénokiens）。这个协会，仅允许有 200 年以上家族经营历史的传统企业加盟。可以说，能够成功加入，是因为在有着悠久历史并做出了杰出业绩这一点上，得到了协会的认同。加盟这一协会的日本企业，仅有虎屋、月桂冠、法师、冈谷钢机、赤福、"Yamasa"酱油、材惣木材，以及中川政七商店 8 家公司而已。

如同成对的新鹿和旧鹿，没有温故知新的"故"和"新"中的任何一项，我们恐怕都无法迎来中川政七商店的第四百年。在三百周年之际，我重新下定决心，不能忘记自己所安家立业的根本，要享受变化、开拓前进。

乡土玩具与茶道的相通点

现在，我们在"新"的部分正在下的功夫是——创造契机。其实，就在不久以前，对于"创造契机"，我还是持怀疑态度的。这是因为，我一度认为生意是需要靠积累努力和经验，为下一次机会做铺垫，打上唯独一发烟花，虽然能够吸人眼球，但却不留痕迹。

因此，原日本国家男子足球队的中田英秀先生邀请我参加他成立的再探日本（Revalue Nippon）策划时，尽管对于其传播日本传统工艺和文化的魅力这一宗旨感到赞同，但我认为这是一个办了一次就没有下文的活动，觉得没有什么意义，曾经婉拒过一次。似乎很少有人会拒绝来自中田先生的邀约，反而让他牵挂起来。从那之后，他时不时地会同我联系，到了第二年，我决定参加这个策划。

决定要参加，不仅仅是因为我们的交情变得更好了，还是由于我自己对于"契机"有了新的看法。想要同不太关注工艺的人们建立起连接点来，通过网络去拉近距离，或是光在店里等待是行不通的，我开始思考，认为必须要有一些不同于往常的东西。

"再探日本"是通过拍卖来销售作品的，因此放在金字塔上来看，目标客群为金字塔顶的部分。而想要让更多的人走进工艺的世界，还是金字塔中间到脚下的部分有着更大的潜在发展空间。中川政七商店以这些部分为目标，打出了各种各样的战略。

譬如，将乡土玩具做成模型、以扭蛋的形式请大家来赏玩的"日本全国袖珍乡土玩具搜集"，就是一个例子。海洋堂有着世界首屈一指的玩具模型制造技术，我们与这家公司展开合作，从 2014 年起到 2016 年 10 月，完成了日本 47 个都道府县①的乡土玩具。

乡土玩具以其可爱的造型以及其背后反映出的当地文化和生活习惯的深厚韵味，相伴在我们的生活中。宫城的鸣子木芥子小木偶、岩手的叮叮当当马、京都的伏见娃娃、高知的鲸鱼车⋯⋯不计其数的乡土玩具中，每一件都蕴含着祈祷孩子能够快乐健康成长的父爱母爱，以及百姓们祝愿一家平安、五谷丰登的愿望。但是，现在的孩子自不必说，绝大多数平成年代②出生的人，应该都不曾听说过这些乡土玩具的存在。

乡土玩具成为工艺品界的濒危物种，也是有原因的。它既没有规整的谱系，又是由工匠们发挥个性、各按所好制作而成的。而其伴手礼的定位又使得它定价低廉，作为一项生意，并没有什么赚头。如此，有着种种影响因素。而且，工匠们的老龄化，更是让这一问题雪上加霜。从这一层含义来看，可以说在这个领域显露出的日本工艺所处的严峻状况，是最为突出的。

另一方面，实际将 47 个都道府县的玩具摆在一起，拿在手里赏玩，又不禁会为其种类之丰富而感到吃惊。像漆器和纺织品，想要一眼看出那是来自哪个产地的东西，对于外行而言并

---

① 都道府县：日本的行政区划，与中国的行政区划——省市自治区类似，共有 1 都、1 道、2 府、43 县。

② 平成年代：1989 年 1 月 8 日—2019 年 4 月 30 日。"平成"为日本第 125 代天皇明仁的年号。

不简单。但是，乡土玩具的地域色彩非常浓重而丰富，不论是谁都能一目了然。正是这样的宝贝，我希望大家能够把它们放在手边，在日常的生活中轻松地赏玩。这样想着，我们特意把乡土玩具做成了模型。

热情购买的顾客中，显然有许多是同工艺的缘分较浅的扭蛋迷。大家在发售当天的早上排队购买，一下子买走一大批。一开始我还觉得有些困惑，后来又觉得这也是挺好的一件事。以扭蛋为契机，如果能够让大家对真正的乡土玩具萌生兴趣，在旅途中也去寻找这些玩意儿的话，正合我的心意。

同海洋堂合作的扭蛋，"日本全国袖珍乡土玩具搜集"

同样面临灭绝危机的——我这样说怕是要挨各方人士的批评了——还有中川政七商店曾经的主力业务，即茶道具，它的市场规模也在逐年缩小。茶道人口减少，加上老龄化的发展，购买新的茶道具的需求也在下降。茶碗、茶釜、茶筅、茶叶罐、小方绸巾，匠心之作与美完美地融合于一体，要列举这些茶道具，是数也数不完的。但是，要是没有想要购买的人，茶道具也不得不走向衰微。如果不发展喜爱茶道的人群本身，显然，根本的问题还是得不到解决。

在茶道的世界中，有一名人士，接近茶道的中心流派，同我抱有同样的危机感。那就是里千家的茶人、自己主持芳心会的木村宗慎先生。他曾直言不讳地说道："我讨厌所谓茶道。"而这名木村先生，现在同中川政七商店组成了一个团队，正在左思右想，看着能否推动茶道的开放化。

在茶道具和品茶的空间上下功夫、款待客人，然后享用茶本身，这理应才是茶道原来的重点所在。然而，如果现在人们想要开始接触茶道，却很难抵达那样的境地。需要记住的繁文缛节甚多，要是到茶道教室去，那里会详细地从脚步指导到手肘和手腕的角度。许多人从这儿就掉队了。这实在太过可惜。

我自身在启动一个新策划的时候，都会举办茶会作为启动会议。一碗浓茶轮流饮用，每人一口下去，整个团队的感觉一下子就上来了。感到有些疲惫的时候，自己简单地沏一杯淡茶，也能够帮助我们释放身心。所谓茶道的"开放化"，就是希望打造一个环境，使得不论是谁，都能够不绕弯路地直接享受到这些茶所拥有的本真的乐趣。

由于这是一个重视传统和礼法的世界，因此我早就有了觉悟，会遭到一定程度的排斥。但不论是木村先生还是我都确信，如果不找回不被规则所束缚的茶道本真的乐趣，茶道是没有未来的。我们希望同木村先生携手，在推进工艺的大众化的同时，也致力推动茶道的大众化。

对奈良的情愫

通过创造契机，推动工艺和茶道的大众化，来开辟"新"的同时，我认为还必须要重新审视"旧"，即中川政七商店安家立业的根本。这个根本，不是其他，正是奈良晒。

进入昭和时代①，面临着工匠人数短缺、用人费用高昂这一难题，当时的当家中川巌吉在艰难的抉择——究竟是选择在国内进行机械纺织，还是将生产基地转移到海外，守住手工纺织的传统技法——中选择了后者，此后，将生产基地转移到了韩国、中国，坚持手工纺织时至今日。拜这所赐，中川政七商店现在依然能够经营手工纺织的麻料以及使用麻料制作而成的商品，必须要感谢祖先的先见之明和进取精神。

另一方面，我的心里还一直惦记着一个愿望——复兴使用苎麻、在奈良制作而成的、地道的奈良晒。这是因为，我们正在帮忙守护日本全国正要熄灭的工艺之光，就更不能对自己的老本行等闲视之。但是，如果不是把它作为一项只为传承古法的事业，或是只办一回的活动，而是作为一项业务来经营的话，难度系数就太高了。

奈良的生产工序，始于栽培苎麻作为材料，通过"苎引"抽出纤维，进行"苎织"制成麻线。再通过整经②将麻线卷绕

---

① 昭和时代：1926 年 12 月 25 日—1989 年 1 月 7 日。昭和为日本第 124 代天皇裕仁的年号。
② 整经：将一定根数的经纱，按规定的长度和宽度平行卷绕在经轴或织轴上的工艺过程。

在织布机上进行手工纺织，制作麻料，之后多次进行使用灰水的暴晒工作。现在直接仿照这个工序流程，甚至要在奈良栽培苎麻的话，费用显而易见非常高昂，实在无法用于一般性的商品。

但是，倘若是用于艺术品和超级品牌（Super Brand），或是放置于高级酒店等，用于接受委托生产，或是卖给神社寺院，可以预见还是有一定需求的。因为它本来就不是能够量产的商品，因此市场规模也不需要那么大。这样想来，不作为只为传承古法的一项事业，而是作为一项生意去生产地道的奈良晒，也理应不只是痴人说梦了。在这种时候，思考如果是第十一代巌吉，或是更早以前的当家会怎么做，是我非常快乐的时间。这或许是经营一家历史长达 300 年的老字号所拥有的一项特权吧。

虽然还在计划阶段，但我还想到可以在奈良打造一片麻田。未来，怕是还会遇到许多必须克服的难关，但即便如此，我还是希望不是由别处，而是能够由在这片土地上土生土长的中川政七商店，来实现名副其实的奈良晒的复兴。

这样说来，大家似乎会误以为我是一个乡土情结非常浓厚的人。但事实上，就到近几年前，我对奈良还没有任何特殊的情感。既不喜欢，也不讨厌，同对于东京和大阪的想法，并无二致。大概是这样的一种感觉。因此，在接受当地的报纸和杂志等的采访时，听闻对方说："请谈一谈，您对奈良是怎么看的？"我总会被问得哑口无言。这是因为，我们有心肩负起日本全国各地的整个工艺行业，而并不会特别看待自己的故乡。

但是，随着公司慢慢做大，我们有了更多的机会，被外界视作一家代表奈良的企业。因此，虽然是慢慢地在发生变化，我的确有了更加强烈的觉悟。对于复兴奈良晒的愿望也是如此，我们成为奈良足球俱乐部的赞助方，同时包括球衣的设计在内，为其品牌战略提供全方位的支持，很大的原因都是出于有了这样的思想转变。

举办"大日本市"博览会时，从 JR① 奈良站和近铁奈良站，通往作为会场的奈良公园，我们在这条道路上挂起了许多面旗帜。由此，从县外来访的许多人们都非常高兴，觉得"受到了奈良的举街欢迎"。我再一次强烈地感到，奈良于我们而言，果然还是无法取代的家园啊！

既然已经打出"振兴传统工艺"的口号，那么我们也无法对于奈良当地"过家门而不入"。我现在也开始认为，就像丸广对于波佐见、庖丁工房对于三条一样，在奈良，必须要通过我们自己的双手，让它变成一座更加富有活力和魅力的城市。

最重要的是，如果不这样做的话，那些有才华的年轻人，也不愿意聚集到奈良来。从数据上来看，奈良县的家庭收入很高，考入东京大学、京都大学的升学率也是全国数一数二的，

① JR：日本铁路公司（Japan Railways），是日本的大型铁路公司集团。其前身为日本国有铁道，简称"国铁"。

2016 年 11 月于奈良公园举办的"大日本市"奈良博览会

教育水平很高。但另一方面，县外就业率和县外消费率也尤为突出。可以看出，不论于工作，还是于假日享受，奈良都缺乏魅力吧。

结果，中川政七商店的员工们，起初虽然都说奈良接近大自然，人也能优哉游哉的，这样很好，但工作了三年左右就厌烦了，一致说想要离开奈良。

不论是纽约，还是硅谷所在的旧金山，呼唤全世界的人才前来的这些城市，都洋溢着作为一个城市的魅力。我希望能够一边将奈良原有的特色——说得好听一些，是质朴踏实的，说得难听一些，是带一些土味的——保留下来，同时哪怕慢慢来，也要将它转变为一座人们想要来到这里居住、工作、旅游的城市。为此，中川政七商店理应也有许多能够效劳之处。

300周年，无疑成了一个思考中川政七商店过去和未来的大好机会。不过，包括撤销股票上市申请在内，由于为周年策划花费了太多精力，我们脚下的业绩也一度走到了一个拐角上……

第十三代政七的名号承袭仪式。
左右分别为担任监护人的水野学先生与片山正通先生。
（二〇一六年十一月，于奈良春日野国际论坛。）

第七章

振兴传统工艺！

当下是最紧要的关头

虽然我并不太相信"好事多磨"之类的说法，但最近，我开始觉得，在有的事情上的确是这番道理。我们新的业务形态"日本市"打出了一个开门红。在 2014 年 1 月，还参加了东京电视台的节目《坎布里亚宫》。2015 年，在 300 周年这一节点上，我们荣获了波特奖。

岔开说一句，上电视的影响力，还真是太大了。很早以前，我们请日本关西当地的人气节目帮我们做过一期介绍麻制拖鞋的专题节目。此外，还请 TBS 电视台的生活资讯类节目《了解一下！》介绍过我们无法撼动的绝对王牌"花布巾"。上了电视的这些商品都卖疯了，疯狂程度让人简直摸不着头脑。其中还出现了拖鞋有半年时间都一直处于缺货状态这样的异常局面。

《坎布里亚宫》是一个面向商务人士的节目。比起商品，它更多地聚焦于中川政七商店的业务。这使得节目播出后，咨询委托蜂拥而至。由于大部分委托都来自同工艺并没有什么联系的行业，因此，除了在上一章中提到的函馆机场航站大楼公司外，我全都婉拒了。这些前来打听的公司，从英语会话教室到中药药房，真是五花八门。这件事让我再一次感叹上电视的影响力。

回到开头的话题。业绩顺利增长，也为下一步做好了打算，中川政七商店会如此一帆风顺地发展下去——我同周围的大家一度都是这么想的。然而，就在这时，发生了一件颠覆我们对于未来乐观预期的一件事。

在2014年度（2014年3月—2015年2月）的决算中，现有店铺的营业额首次转为同比下跌。这是最糟糕的结果。虽说如此，由于是同比99.7％，也就是只少了一点点。而新店开张带来效应，营业额在总体上创出了历史新高。

或许大家会认为，为什么在这种情况下，还认为这是最糟糕的结果呢？这是因为，现有店铺的营业额，哪怕只是下跌了一点点也不容忽视。我们不能就此原地踏步。因此，在公司内部，我也总是一逮住机会，就同大家说，如果不渡过这个难关，我们就无法走向下一个目标了，这一两年是最关键的。

但是，三年前和五年前，我应该也是这样说的。恐怕明年、后年，我也还是会把"现在是最紧要的关头"这句话挂在嘴上。我自认为自己是不骄不躁的性格，偏向于认为不论是顺风顺水，还是历经坎坷时，只要把该做的事情做好，就能够取得成效。但与此同时，我也一直有着这样的心境，认为今年这一年、今天这一天是最关键的。反过来说，要是没有这样的危机意识，恐怕"振兴传统工艺"云云，无论如何也难以实现了吧。

没有能力的人无法享受工作

业绩增长缓慢在于我们缺乏"积累能力"。譬如，主打的品牌中川政七商店，它的概念是"生活的道具"。因此，经典款式的商品比例较高，同富有季节感和时尚感的"游中川"等不同，想要在柜台保持新鲜感，是很不容易的。

正因如此，我们要在商品还有新鲜度的时候，就认真地实践 PDCA 循环①（计划、执行、检查、处理）来提高经验值。然而，我们的品牌一号店从开业起，虽然已经过去了三年时间，但应该做好积累的地方却还不太扎实。结果，第四年就不得不面临一场苦战。

当时，我为了咨询的工作而在四处奔波，当然，自家公司的核心业务也是不容懈怠的。过去我把这些工作大体都交给了品牌经理，而现在则加强了自己对于现场的参与度。

最初着手的是改变在店门口同顾客的交流方式。过去是两周一循环，会改变一下小众商品的陈列，但我们的努力却完全没有传达到顾客那里。常常来我们店铺的人，恐怕不论什么时候来，也并感觉不到有什么变化。

由此，我们决定办一个策划展，从天花板上挂下广告条幅，在上面写上吸人眼球的文案。为此，我立即召集了品牌的主要员工，开了第一次策划会议。然而，大家居然都没有什么想法。大概是因为很多员工都是第一次参加，会议上本身就没有几个人在发言。这时我告诉大家的是掌握"常规"的重要性。

在会议上漫无边际地思考，也想不出什么点子来的。因此，

---

① PDCA 循环：将质量管理分为四个阶段，即计划（Plan）、执行（Do）、检查（Check）、处理（Act）。这是质量管理的基本方法，也是企业管理各项工作的一般规律。

平日里就要去各种店铺转转、看看各处的商品，这非常重要。一方面是，要有目的地去看一些书、电影和艺术，有效地增强实力。另一方面是，要让单纯的灵机一现，转变为能够保障它可以实现、取得市场效益的点子，进而将其上升至一个策划。而这，就需要有一定的"常规"。

有一句来自禅学的话，叫"守破离"。松冈正刚先生将它理解为："遵循常规、学习常规，打破常规、跳脱常规，脱离常规、创造常规。"想要成为一名专业人士，那么，首先就必须要老老实实地去模仿、习得"常规"。这是因为，没有基础，那不过是"无形"的一团糟罢了。如此，我们永远也无法抵达"打破常规"的境地。

那么，在我们的工作中，怎样才能学习"常规"呢？举个例子，要思考策划展采用什么主题的时候，看看专刊的标题，就能够获得一些启发。咖啡、旅行、早饭、电影、甜品……在每年的同一时期，人们会编出相似的专刊，其标题从措辞到表达，都是经过反复推敲的，非常专业。将同自家公司的品牌和目标看起来重合度较高的往期杂志摆成一排，我们也能从中摸到一些规律。

如此学习下去，到后来，首先在脑海中浮现出标题，再由此来开展商品的策划，是这样的流程。要是想要销售正月使用的漆碗和漆筷，可以特意不从此处着眼，而试试看"爱吃年糕"。把焦点放在放到碗里的东西，而不是碗上。实际上，中川政七商店也由此获得启发，曾经开发过一款使用了五种不同糯米的"日本全国年糕大比拼"这一商品。

商品政策也是如此，如果每次都从零起步去思考下一期做什么，效率就太低了。我们需要提前建立起一套制度（我们公司内部将此称为"糠床①"），将平常灵机一动想到的和项目中还没用上的点子先存起来，同商品推销两手抓，从中因时制宜，挑取最合适的东西进行商品化。

不论是打造店铺，还是打造商品，把涌上心头的想法直接当作创意，是非常业余的行为。专业人士需要通过利用模版，在短时间内做好精准有效的工作。而这，正是所谓创意管理——我常常一边实际动手，一边向包括领导班子在内的公司员工讲述这个道理，但大家并没有得到立竿见影的成长。

要说去夸张地称赞、感谢员工，我总觉得不太好意思。用非常强势的语言去煽动员工、让员工们互相竞争，大力鼓动激发大家的干劲，我也并不太喜欢这样的方式。因此，我大概就不属于所谓超凡魅力的领袖（Charismatic Leader）这一类人物吧。

不过，不论对谁都是一样，尤其是要对员工们坦诚相待，这是我一直坚持在做的事情。我不会偏离实际地过分夸大自己，也会明明白白地告诉大家，什么是能做的，什么是办不到的。因此，员工们应该也会相信我说的没有谎话。而我作为领导，则基于这一信任，肩负着指导培育大家的使命，让大家成为能

---

① 糠床：利用米糠中乳酸菌发酵时所产生的米糠腌床，用于腌渍蔬菜。

够以专业相称的人才。

近来，我听到过一段让我很是在意的对话。在咖啡馆等人时，我突然听到隔壁桌子传来了这样的对话——"最近，工作都没什么意思啊。""啊，同感。"暗自看一眼，发现是两名年轻人，年纪都不到 30 岁。在操作平板的模样，看起来正是在市中心的外企工作的样子。

不知怎的，我总觉得，从他们身上也看到了我们员工的身影。虽然我还想再听下去，但是由于相约的对方出现了，我们便一起离开了那家店。因此，我也不明白，他们究竟想说些什么。但我想说的一点是，如果没有基本功，是无法享受工作的。

或许用足球来打比方，比较容易理解。业余选手突然加入 J1① 的队伍踢球，也不可能乐在其中。这不是因为打法或是足球观的差异等，而是由于水平太差了。停球、把球踢到目标位置、长时间的奋力奔跑……如果在这些基本功上没能达到专业的水平，那么即使混在一流选手中打比赛，也不可能尝到其中的乐趣。

工作也和踢球是一样的。达不到专业的水准，就无法享受工作。当然，即使达到了专业的水准，后面也还有无穷无尽的艰难挑战在等着我们。然而，是面对这些挑战去享受工作，还是因为眼前现实忙得不可开交，其中不过是毫厘之差罢了。

---

① J1：日本职业足球联赛（一般简称为"J 联赛"）的甲组联赛，是日本顶级足球联赛，J 是 Japan（日本）的首字母缩写。

如何让中川政七商店变得更好？如何能够实现我们的愿景？去深入地思考，并讲述能够走向成功的战略故事，这是身为一名经营者的我的工作。为这一故事最感到心血沸腾的，不是别人，正是我自己。但只有这份"欢欣雀跃"能够传达到我们的员工和伙伴企业那里，我们才首次成为一个团队。

人世间并非有开心的工作和不开心的工作，而不过是有能够享受工作的人和除此之外的人罢了。我希望中川政七商店能够成为一家拥有更多前者的公司。

掀起工艺界的"工业革命"

当下正是最紧要的关头！正因如此，我们需要制定出能够让团队成员们，以及最先能够让我自己怦然心动的战略。其中，最优先的课题是"SUNCHI"（さんち构想）①。在其中使用日文中的片假名，是有理由的。

这个构想包含了四层含义，我们想要打造出产地的一个——对于外地访客们，也敞开怀抱的——新的形象。一是"产地"；二是"三智"，意在表达其中凝聚了商品生产者、商品使用者、将双方联结在一起的使者这三者的智慧和心意；三是"三地"，意在表达在各个地区，集聚了购物、饮食、住宿的三

---

① さんち构想：日文发音为"SUNCHI"，同"产地""三知""三地""○○さんち（某某的家）"的发音都相同。

种娱乐方式；四是"某某的家"，在这里，我们能够像是到好朋友家去做客一般，感受到那片土地独有的温情。

这个构想主要由"工业革命"和工业旅游两大支柱构成。说到"工业革命"，大家大概会觉得我们真是好大的口气，但我和中川政七商店的员工们都是发自真心地想要掀起一场革命。在谈我们的构想之前，我想先来整理一下截至目前中川政七商店付诸行动而取得的成果，以及我们力所不能及的课题。

可以自豪地说，历经泡沫经济时期后日趋衰退的工艺能够迎来新的曙光，走向大众化，这其中有我们很大的功劳。我们在日本各地开设了中川政七商店、"游中川""日本市"的总计46家门店。只要到这些门店去，不论何时，人们都能遇到、购买到各种各样的工艺品。正是通过我们的努力，工艺才能够慢慢地渗透到了各种各样的人们的生活中去。

通过咨询服务，我们也帮助工艺厂商实现经济独立，并找回属于"造物"的那份荣耀。由此，面临生死存亡危机的许多厂商能够起死回生，并为我们带来了更多富有魅力的商品，争取到了新的工艺粉丝。从我个人角度来看，一直以来，我也在通过撰写书籍、上台演讲等形式，一有机会便向社会呼吁，要复兴工艺。

但是，至此，工艺所处的大环境，是否已经发生了根本上的改变呢？非常遗憾的是，我们很难给出一个肯定的答案。在我们疾呼、奔走的同时，已然有后继无人的厂商关门大吉，"造物"的技术就此失传，产地的星光，在一颗一颗的熄灭。仅凭

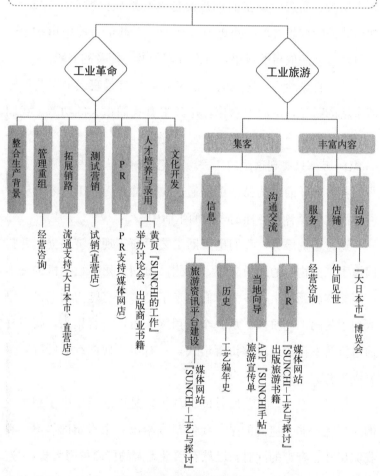

中川政七商店的业务概要

我们的力量，完全无法追赶上工业衰败的速度。我们截至目前付出的努力，依然是有限的。

譬如，位于长野县的波佐见，就是一个例子。丸广的确变得更有活力了，也有了更大的规模。但我们很难说，我们能够让波佐见这一产地的衰败就此煞住。波佐见烧的一大特点，便是在生产上，有着独特的分工体制，整个城市就好比是一座工厂。而负责胚料制造、胚体成型等不同工序的不同作坊和陶器作坊，正在接二连三地消失。要是就此放任下去的话，即使丸广一家很有活力，波佐见烧的历史也将在不远的未来打上休止符吧。

过去，我一直认为只要有了产地中最亮的那颗星，那么自然便会跟随出现第二颗、第三颗，推动产地整体能够迎来更加光明的未来。因此，我一直集中精力于打造最亮的那颗星。但是随着时光的流逝，我也逐渐发现，光做这些，还是不够的。如果最亮的那颗星星的光芒，无法辐射到整片地区，那么也就难以阻挡产地的衰退。

因此，我们在积极建议丸广将负责胚料制造和胚体成型的作坊，纳入公司内部来。由于光靠自己一家公司，难度很大，所以我们必须探讨，是否需要同其他陶器作坊以及批发商公司进行合并或是开展合作。也就是说，要脱离有着过去几百年历史的家庭手工业，通过资本集约化，整合生产背后的各个环节。这，就是我所设想的工艺的"工业革命"。

正如始于18世纪下半叶的工业革命大大推动了产业结构的

变化一样，在 21 世纪的今天，产地想要存活下来，也只有改革产地的产业结构这一条道路可走。波佐见只是其中的一个小小的例子，而对于散落在日本全国各地的工艺产地而言，这样一场"工业革命"是存活下去的必要条件。

现场体验参观工艺的"工业旅游"

SUNCHI 构想的另一大支柱，为工业旅游。富冈制丝厂，作为日本工业革命的源头，被列入了世界文化遗产。每年有超过 100 万名游客前来这里参观。但是，其内部能够参观的，其实只有极小的一部分。当然，即使只是从外面看，其宏大的规模以及日西合璧的独特建筑风格，也的确值得一看，但要是能够参观其热火朝天开工的样子，一定能够更加打动我们，这远比它身为工业遗产要更有意义。

踏入平时都是闲人免进的生产现场，近距离观看各种各样的东西被生产出来。工匠们聚精会神的气息，那使用工具和设备的纯熟的手法、声音和味道……

置身于距离日常生活非常遥远的空间，亲眼参观工匠的技艺，感受匠心的精神，这样的工厂和工坊人气一定很高。扎根于当地的造物现场，将成为不逊色于自然及文化遗产的旅游资源。

对于来访的游客们而言，大家还能享受到，与去游转所谓风景名胜不同的乐趣。听一听工匠们的话，自己也体验一把，还能够买一些工艺品作为伴手礼。更加夸张地说，这种旅游方式能够满足我们的求知欲，有着经典路线很难体会到的乐趣。

通过这种形式传播工艺的魅力，理应能给人们留下深刻的印象。这要远远超过阅读书籍或是浏览网络能够达到的效果。在我们的店铺中，员工们每天也在努力地宣传商品的优点，在商品陈列上下功夫、思考海报，有机会的话还会亲口为顾客进行解说。即便如此，还是百闻不如一见，总归是无法同实地探访相比的。

为什么其中能够蕴含着那般天然去雕饰的简约的机能美呢？在生活中越是使用它，越觉得用得顺溜，这又是为什么呢？有一点点贵的原因又在哪里？……绝大多数工艺的秘密，都能够在生产现场找到答案。想要吸引更多的人成为工艺的粉丝，把工艺极其自然地带到人们的生活中去，那么，请大家来参观生产现场，正是最好的选择。

只是，光靠工艺能够吸引到的游客数量，总归是有限的。因此，必须要同时完善食宿服务。我自身对于旅馆，就算是比较讲究的类型，而且好不容易出一趟门，就想要品味一下当地特有的食材和菜肴。要是有了美味佳肴和好的旅馆，就不用走马观花地匆匆结束旅程，而是可以让游客们悠闲自在地待在那里，尽情地品味工艺产地不仅限于工艺的魅力。当然，不论是食还是宿，都不需要工艺厂商自己一手操办，而是可以思考如何同当地的其他商家开展合作。

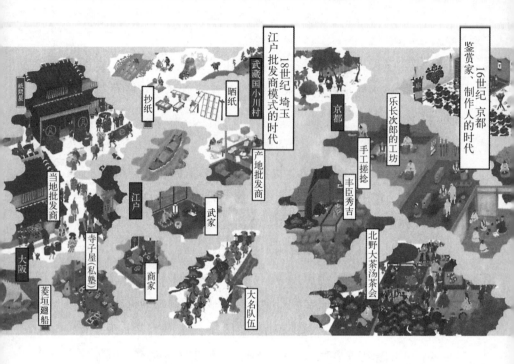

　如此，当地的美食和好的旅馆、能够近距离体验工艺的生产现场若能俱全，这将成为工艺产地的一大核心。而在各个地区，只要有了一个核心，接下来位于稍远处的生产现场也将化身卫星，能够吸引人们到那里去。旅游方式由文化设施和旅游景点之间点到点的移动，升级至从线到面地玩转当地的模式，各个地区也将变得更加富有生机和活力。这，正是我所设想的新的工业旅游。

　工业旅游，过去不过是脑海中一个朦胧的点子。而它能够像现在这样浮现出清晰的框架来，是由于一个契机。那就是在上一章中已经介绍过的，为纪念 300 周年制作的工艺编年史。

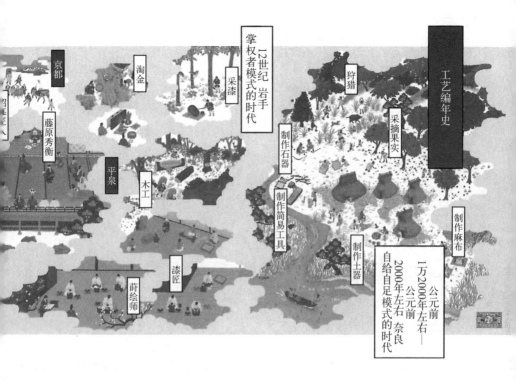

　　我们将工艺的历史，从商业模式的视角出发，截取了 8 个部分，制成了屏风画。

　　工艺的商业模型，从为了自己使用而进行生产的自给自足的原始时代，经过工匠、千利休等工艺制作人，以及负责商品流通的批发商等登场的时代，到 19 世纪过渡向由国家主导的殖产兴业模式。此后，到 20 世纪转变为流通网络遍布全国的百货商店模式。而 21 世纪，可以理解为是一个从商品设计到商品流通、进行综合制作的、由设计师同工匠共创的设计师模式的时代。

　　那么，我们应当迎来的 22 世纪的工艺的商业模式，将是什么样的呢？我们面临着这样一个巨大而难解的命题。

工艺编年史，从商业模式的变迁回顾工艺的历史实物为 90 厘米见方的八面金屏风

受我之托而担任编年史监制的松冈正刚先生在最早的碰头会上，就对我说："历史是为了创造未来而存在的。"这句话一直萦绕在我的脑中。要拿着一面后视镜，一边去看其中映出的历史，一边前进，就可以了。至于这面镜子里会映出什么来，只要因时制宜去挑选即可。而倘若这个选择能够具有独创性和多样性，那么我们就能够打开一扇任意门，走向任何未来。他说，要做编年史的话，就应该这样来做。

我把这句话始终挂在心头，一边认真地从原始时代的自给自足模式出发，追着时代往后看去，结果发现商品的生产者和使用者之间的距离在一个劲地越拉越大。

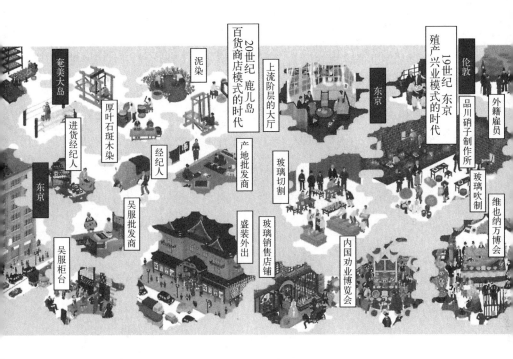

专业的工匠和负责流通的批发商登上历史舞台后，日本各地出现了许多产地，工艺进入到了许多人们的生活之中。但到近代以后，职业分化得极其细致。结果导致，尽管从商品的使用者看来，工艺品就在我们的生活中，但我们并不觉得工艺本身离我们很近。其后，工艺品遭到工业品的挤压，应该也同这一背景并非没有联系。

我想，当下的工艺界所面临的各类问题的根源，正在此处。尽管由于有赚头，有更多的人加入进来，在扮演着中介的角色，但这一问题并没有得到解决。生产者无从知道自己凝聚的心血怎样丰富了人们的生活。而使用者从没见过工艺是怎样做出来的，因此也很难理解其价值所在。编年史启示我们，要重新拉近两者之间的距离。

虽说如此，如今，我们已经无法回到自给自足的模式。而生产商品的人，使用商品的人，都各自停留在原地。那么，想要让双方能够朝着彼此更近一步，加深对于互相的理解和兴趣，就需要一座桥梁，将二者连接在一起。既然如此，就让我们中川政七商店来做这名"信使"，去迎接工业旅游的模式吧。

由此，我们最后决定在编年史的最后、第八张屏风画上，描绘上 22 世纪的工业旅游模式。舞台，是中川政七商店的创业起家之地。

以春日大社、东大寺、兴福寺等世界遗产为背景，上面细致地描绘了用于生产奈良晒原料的苎麻田、将苎麻搓捻成细线纺织成布的工匠，以及借用太阳和河水进行暴晒的工序。此外，还能看到在工坊里体验手工纺织的人们、在附设的工厂店里享受购物的人们、在餐馆里对奈良名产大和野菜①赞不绝口的客人。不远处的旅馆，被似火的红叶环抱着，实在是一副闲适自得的光景。

前来探访工坊和商店的人群中，一定不只有游客，还包含着当地的人们。看到平时总是没有机会亲眼见到的生产现场，近距离接触自己所在城市的工艺品，一定会有一股自豪之情油

---

① 大和野菜：在现在的奈良县（旧称大和国）生产的、经奈良县农林部认证的部分蔬菜。

然而生。碰到心仪的宝贝，也会购买下来，把它带回到自己的生活中去吧。

打开工艺的大门，这是我们心之所向的一大理想。通过将我们心目中的未来的 SUNCHI 蓝图画成一幅画，借此表达我们对于未来要采取什么行动所定下的决心和愿望。

整合生产背景的"工业革命"，同拉近商品生产者和使用者之间距离的工业旅游二者相互作用，在这个过程中，将会打造出新的"SUNCHI"。编年史所映照出的这一工艺的未来，也正是中川政七商店未来 100 年要前进的道路。

集结志同道合的各大厂商

肩负着实现 SUNCHI 构想这一使命的是各地最亮的星星们。在长崎县波佐见町有丸广，在三重县菰野町有做万古烧①的山口陶器公司。而在奈良，则需要由我们来全力打造出富有魅力的 SUNCHI。

只是，有些事情仅凭一家公司来做，则显得势单力薄，想要打造一片星图，也很吃力。即使是为当地谋福祉而在拼命地努力，但由于枪打出头鸟，不得已被卷入无聊的互扯后腿战，这样的例子也并不少见。只要做好自己，就够了吧——恶魔在

---

① 万古烧：耐热性强的传统工艺陶瓷器。三重县四日市的当地产业具有代表性，其中紫砂壶和土锅名气很大。

耳边窃窃私语，正是在这种时刻。

但是，我要重复说一句，仅仅有一家公司做好了，并不能够让产地存续下去，换言之，即使是最亮的星星，它的星光也不可能长久。我们不应该把"只顾自己"当作一个选项。那么，想要让那些有着很高志向的产地最亮的星星们不必气馁，并且能够凭借稳固的战略，强劲地发展下去，我们应该怎么做呢？我想到了下面两点必须要做的事。

第一，设立一个组织，让作为最亮的星星的工艺厂商能够贡献智慧，在互相切磋琢磨的过程中提高觉悟。由此，我决定要成立行会。

于中世纪的欧洲成立的商人和手工业者们的基尔特（Guild，行会），据说就是以提高技术、共存共荣为目标的。同时，它也具备着互助救济的主要功能，相当于现代的保险所扮演的角色。而现在，在日本的工艺界，让日本的工艺在下一个100年，以及下下一个100年都能够焕发光彩，人们需要的是能够让有着这一理念和觉悟的成员们共享智慧和信息的场合和机会吧。

拒绝毫无意义的竞争和牵制，想着有没有办法能够让大家为了振兴日本的工艺而同心协力、携起手来，我联系了几家工艺厂商。结果，得到了能作公司——这家公司拓展了铸器所蕴藏的可能性，以及生产南部铁器①的及源铸造（OIGEN）公司

———————————

① 南部铁器：于日本岩手县制作的铁器，为传统工艺品。

等的赞同，我们成功达成了成立"日本工艺产地协会"的目标。

目前，这个协会每年会召开两次会议，借此让更多的人知道在各自的产地，大家面向未来在开展着怎样的努力。不仅是工艺厂商，我们也对行政和城市建设方面的专家、媒体等广泛开放，希望打造出一个多方面思考产地未来理想蓝图的平台。

第二，我们也会举办学习会，请成员企业参加，以非公开为前提，让大家就平常的问题以及做得比较好的地方，坦率地陈述意见、进行分享。在当地，长期以最亮的星星自居，则容易陷入错觉，觉得自己是一马当先的领跑者。大家在各个地区，的确是一枝独秀，但面向更大的世界，就会发现人外有人、天外有天。

通过学习其他公司的案例，不论愿不愿意，这都能够成为一个门径，帮助我们察觉到自身的不足之处，进而成长。在行业团体中，企业往往容易随大流。我们不能满足于在低水平线上排排坐，也不能单单着眼于自家公司的业绩，而需要养成思考的习惯，去思考为了当地以及日本工艺产业整体的发展，自己有什么力所能及的事，从而向着更高的目标前进。加入协会的都是有着这般气魄的厂商。我们希望，通过协会的活动，能够打造出一些建设 SUNCHI 的典型来。

在此基础上，协会作为一个业界团体，也计划积极推动行政方面的工作。工艺厂商们有着生产能力做背景，理应能够为国家的经济政策以及旅游政策贡献一己之力。但过去，我们并没有看到工艺厂商和销售工艺品的公司们团结一致地采取行动。我一直说，光靠补助金不是办法。把要说的内容说出来，并反映到政策中去，同依赖于行政是两码事。为了实现"工艺大国"的目标，我们必须集结会员们全体的力量。

坚持真相的抉择

推动各个产地最亮的星向前走的还有一大措施，那就是平台的搭建。为了让各家工艺厂商能够在更高的水平线上角逐高下，创造出自家公司独特的价值，就需要建设出能够让大家在可以合作的地方携起手来，作为共有财产的平台。

譬如，即使厂商们各自建立了能够发布资讯的媒体网站，其集客能力也是有上限的。既然如此，不如成立一个强大的网站作为起点，来发布各个公司的资讯。这样，也能够极大地提升影响力，比起一家公司单独建立网站，也能节省更多的成本。

目前的计划是，由中川政七商店来搭建资讯、电子商务以及招聘的平台，并负责平台的运营工作。在资讯平台方面，我们于2016年秋天成立了媒体网站"SUNCHI"，通过这一平台，向大家讲述各地工艺的魅力，以及包括食宿在内，前往当地游玩的乐趣，以吸引人们到各大产地去。

同工艺相关的网站，以及同旅游相关的网站，各自都有许多，但我们几乎无法找到面向全国范围的、将二者结合于一体的网站。我们的网站搜罗了同工艺相关的活动和促销信息、商

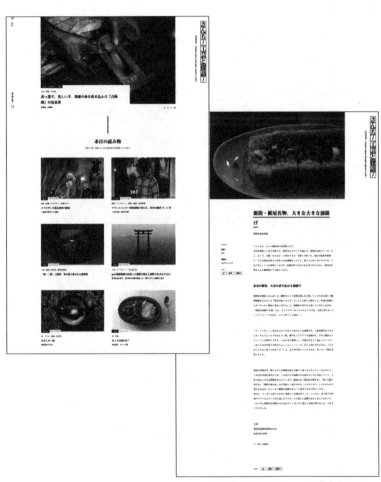

网站"SUNCHI——工艺与探访"。
宣传日本全国的工艺和产地的魅力。

"SUNCHI"网站

品上新等最新的消息。要是在浏览网站时，看到了感兴趣的产地，大家也能够基于我们的网站，制定出旅游方案来。百闻不如一见。我认为，必须要大力做好这个网站，把它打造成能让人们实际出行，感受产地整体魅力的一个入口。

为此，在具体的对策上，我们在推进同政府的合作。政府在发布旅游资讯上花了很多预算，而好不容易做好的旅游宣传单和网站，却很难说已经得到了灵活有效的运用，这真是令人遗憾。通过让我们的媒体网站"SUNCHI"链接到当地的信息，应该可以期待能够实现让游客和企业皆大欢喜的效果。

反过来说，我们也有绝对不能触碰的红线。那就是不做依赖于广告的网站。所谓商务网站中，不将广告作为收益支柱的，除去一部分例外，应该就属电子商务网站了吧。电子商务网站能够从店家和顾客那里直接得到收益。另外还有一些，属于通过有偿内容进行收费的模式，或是以人才招聘等为代表的中介模式。但不论是哪一种，想要实现盈利，都需要扫清很高难度的障碍。因此，绝大多数的商务网站都在拼尽全力，想要最大限度地提高网站流量（Page View，PV，即页面浏览量）。这是因为，流量越大，能够得到的广告费也就越多。

在这一点上，"SUNCHI"并非电子商务网站。我们选择不刊登广告是有理由的。如果把能够赚得流量的内容和宣传方式判定为是"正确"的，而对其他一棒子否定，那么我们可能会无法通过自己认为最合适的方式，来向大家传达本应传达的东西。

我有一位在网站内容开发方面很有研究的朋友，这位朋友曾经忠告我："'SUNCHI'每篇稿件的篇幅都太长了。"我一边心怀感激地洗耳恭听，一边又非常干脆地左耳朵进、右耳朵出了。即使因为稿件的篇幅比较长，读到一半就把我们的网页给关掉的人增加了一些，我还是希望能够通过我们自己的风格，来向大家传达有价值的东西。我们也不愿意只为了赚取流量而不择手段，取一些博人眼球的标题。这就是身为"SUNCHI"主编的我的编辑方针。

虽说如此，但这实在是太不容易了。几乎每天，我们都要上传一则同全国的工艺和产地相关的读物，而不论是采访，还是撰稿，基本上都是由公司内部的编辑们来完成的。我们也会在网站上介绍同工艺相关的活动和新闻，但由于网站刚刚成立，知名度还很低，因此也有只是一味等待，不见访客的时候。

系统建设需要花费相应的费用，运营成本也是越来越高。我们的计划是，能有更多来自那些对"SUNCHI"的价值观表示赞同、想要为振兴旅游业做贡献的政府部门，将一些工作委托给我们。但在那之前，想要光靠网站实现盈利，恐怕很难吧。

即便如此，如果认知度和资讯信息量上涨，超过了阈值，情况理应会发生巨大的转变。作为一个将工艺同旅游合二为一的、独一无二的网站，它是能够迎来巨大的成功的——我非常有信心。因此，不论旁人怎样说，或是因为要打造丰富的内容而疲于奔命，我也从未想过要关掉"SUNCHI"这个网站。我觉得不需要股票上市，不上市也挺好的，就是在这个时候。

在经营的现场，我们常常会碰到"道理上的确如此，但现实中却行不通"这样的状况。普通的经营者，或许会向眼前的现实做出一些妥协让步，但我不想这样做。道理要是如此，那就要贯彻下去，坚持到底，我相信车到山前必有路。

"SUNCHI"的目的在于让人们了解工艺和产地的魅力，并实际请大家到各个产地去。因此，符合这一条的我们便做，不相符的便不做。只要我们守着一颗平常心，百折不挠地坚持下去，我想，迎来突破的那一天应该也不再那般遥远了吧。

令群星璀璨的三大平台

此外，我们还开发了手机应用程序"SUNCHI手帖"，用于在各个场景下加深同热爱工艺的顾客们之间的沟通交流，而它也为媒体网站"SUNCHI"的集客帮了大忙。

譬如，在各地的合作店铺，只要出示这个应用程序的画面，就能够"享受一点小福利"。譬如咖啡馆会提供一口小点心，可以配合饮料享用。又如伴手礼品店铺会送上一份赠品。虽然不过是一点点心意，但是在旅途中能够享受到这些小福利，就会觉得自己在当地受到了热情的款待，不论是谁都能拥有一份好心情。

走访工艺厂商，或是参加活动等，能够请对方给自己盖一个像御朱印账①一般的电子纪念戳，我们也在策划能够让用户

---

① 御朱印账：授予寺院参拜者的凭证。在日本观光时，游客们通常会在寺庙或者神社购买朱印账来收集，这可以说既是一种宗教性质的凭证，也是一件有纪念意义的收藏品。

们由此得到更多的小福利。做这个系统，关键是为了获取手机的位置信息，但我们也是有讲究的。我们做的不是那种记录下访问店铺、设施的打卡功能，而是像御朱印账这样的风格。如果每位用户回头在翻阅属于自己的"SUNCHI手帖"时，能够回忆起自己走过的地方，回想起在那些地方的点点滴滴，那么我们这套系统，就可以说做得是非常的成功了。未来，我们还计划将它灵活地运用起来，作为客户关系管理（Customer Relationship Management，CRM）的一项工具。

2017年3月，我们还成立了专门的电子商务网站。网站名为"SUNCHI商店街"。如果将中川政七的电子商务网站，看作一家精品买手店，那么这个网站可以说是一个大型购物中心吧。它的特征在于，特意地不限于"严选"，而是聚集了有着精巧设计的和设计感没有那么强的、昂贵的和价格实惠的商品。在这里，人们能够购买到各种各样的商品。或许可以请大家想象一下工艺版的亚马逊和乐天。

接下来，还有一项是专门面向工艺行业的招聘平台。这个平台基本上同以使用工艺品的顾客为对象的其他平台是截然不同的。而我们现在在这其中倾注的心血也是最多的。

人才短缺、后继无人，这是产地面临的重要而紧迫的一大课题。这个课题，是由于工艺的制造方们在经济上比较拮据，而又没能找回"造物"的荣耀感的状况导致的。而事实上，想要成为工匠的年轻人也很多。但是，在进修的名义之下，年轻人或是无法获得足以营生的报酬，或是归根结底根本不知道要到哪里去才能成为匠人，最后只能无奈地选择放弃。

同 SUNCHI 相关的工作，并不仅限于工匠。譬如，在"大日本市"成员中，BAGWORKS 接近 70 岁的高岛茂广社长，此前就在寻找能够接班的经营者。2011 年我开始为其提供咨询服务时，他们主打的工具包的生产订单被国外的厂商抢走，经营状况堪忧，看不到未来。起初他们说，未来会变成什么样，实在连想也不敢想。

扭转这一局面的，是以"术业专攻包"为概念开发、培育起的公司的自有品牌。现在，接近一半的营业额都来自"POSTMAN（邮递员）""MILKMAN（送奶员）""WIREMAN（电工技师）"等自有品牌，业绩也得到了提升。据说社长由此，才萌生出了不希望"全世界最有范儿的包厂"在自己这一代结束的想法。

然而，位于兵库县丰冈市的 BAGWORKS，谈及规模，有些失礼地说，只能算是一家微型企业。到招聘的环节，现实中，只能通过 Hello Work 之类的渠道。仅从概率论上来看，想要从中找到足以托付自己积累起来的技术和品牌的人才，可能性很低。这番话让我坐立难安。这是因为，中川政七商店也在用人的问题上吃了太久的苦头，对于高岛社长所面临的困境，我实在是太感同身受了。

由此，我们在中川政七商店的网站上，发布了"招募丰冈的社长"这一消息。消息一经发出，不愧是招募接班人的候选人，我们很快聚集到了许多非常优质的应征者。最终，我们聘用了一名 30 出头的男性，他的职业生涯既是独一无二，又是脚踏实地的。现在，他作为一名经营者实习生，在中川政七商店研修。

我们希望未来，能够通过招聘平台"SUNCHI 的工作"，向更多这样的经营人才敞开怀抱。

不论是求贤若渴的工艺厂商，还是求职大军中的一员，只要到这里来，都能遇见心仪的人才和工作。我们想要把它打造成这样一个需求对接平台（Matching Site）。

由想方设法致力解决工艺所面临课题的工艺厂商所集结成立的协会，以及咨询、电子商务、招聘三大平台，倘若都能够大力地运转起来，那么应该能够使 SUNCHI 的未来蓝图浮现出一个清晰的轮廓。

我心中的英雄主义

"历史证明，所有的事业都在走向衰退，而经营者们却不太理解这一点。"

在早稻田大学 MBA 课程中，作为一名特邀嘉宾，吉川智教教授曾经讲过这样的一句话，给我留下了深刻的印象。我并不认为中川政七商店现有的品牌和我们当下在工艺界树立起的所谓自有品牌专业零售商的商业形态，能够一直幸存下去。但再度听到这番话，依然让我感触良多。

"游中川"有着 32 年、"粹更 kisara"有着 14 年的品牌历史。同生产紧密联结在一起，通过自家公司的直营店，以自有品牌的名义进行销售，未来这也将长期成为中川政七商店的核心商业模式。另一方面，身为一名经营者，还必须要不断地去构想新的事业。我说到底，并不擅长守业，而是认为进攻是最好的防守。为了能够向"振兴传统工艺"这一愿景的实现靠近哪怕一小步，我已经树立起了坚定的信念——要更加头脑灵活、行动敏捷、果断勇敢地不断发起进攻。

于创业 300 年的今年继续打出的第三发致命传球，是为了实现我们的"SUNCHI 构想"，同"日本工艺产地协会"携手打造的平台事业。要是这个球能够成功传过去、300 个产地能够幸存下来，那么我们就能够成功树立起日本作为工艺大国的地位。

倘若将每一个产地年产值的标准设定为 10 亿日元，总计 3 000 亿日元，那么从市场营业额来看，粗略一算，市场规模需要达到 7 000 亿日元。如果中川政七商店要肩负起其中的一成，那么就需要把年营业额从现在的 50 亿日元提升至 700 亿日元。

按照目前事业的轨迹往下跑，未来提升至 100 亿日元，还是能够预见的，但再往后跑，老实说，就不得不承认那是一个未知的世界了。可能需要我们开展同过去迥然相异的对策，有时可能还需要通过创新来自发地打破现有的业务模式。我既觉得有趣，又觉得可怖，但完全没有一丝想要放弃挑战的念头。

不知大家是否听说过曾田正人先生的《烈火男儿》，一个以消防员为主人公刻画的漫画作品。它讲的是一个在儿时遭遇火灾、被消防员救出的少年，在长大成人后，成为一名消防员，克服重重困难，救助他人生命，同时实现自我成长的故事。从大学时代接触到这本漫画起，我一有时间便会反复翻阅。

主人公朝比奈大吾，最后终于成为一名为世界人民所知的抢险队员。同另一部我长期喜爱阅读的漫画、尾田荣一郎先生的《航海王》（ONE PIECE）等相比，它的结构非常简单，故事也明白易懂。即便如此，不论是在学生时代，还是现在成了一名经营者，《烈火男儿》这部作品使我产生了许多共鸣，也给予了我许多激励。

自我剖析，我想这是因为在我的心中有一份英雄主义。虽然此前我就隐隐约约有所察觉，但自己重新意识到这一点，是在开始开展咨询服务的时候。看到那些面临严峻挑战却不愿轻言放弃，依然坚持想方设法向前进发的人们，我发现自己也油然地升起了想要全力奋战的斗志。

如果工艺厂商陷入窘境，那么或许也会使得中川政七商店的存在根基发生动摇。为了帮助大家把事业做大、振兴传统工艺，那么我们就需要将咨询服务作为一项业务发展下去——这也是毋庸置疑的现实。

但是，除了这一个"需要将咨询服务作为一项业务战略发展下去"的客观需求，我的心中也着实有着一个想要向那些陷于困境的人们伸出援手的愿望。这无疑，也成了我对于那些在经营中走投无路的工艺厂商，无法撒手不顾的一大原因。想方设法之后能够看到一丝丝希望的曙光，能够看到伙伴们的笑容，这些无来由地会让我感到高兴。不得不承认，这份心愿比我作为一名经营者的判断和意志都要来得更加强烈。

由此，我私下以为，只有靠自己的双手，才能拯救传统工艺。

为了将这份觉悟化作现实，我于 2016 年 12 月承袭了"中川政七"的名号。作为中川淳亮相的阶段暂时告一段落，今后我将名副其实地肩负起中川政七商店这块招牌，勇往直前。我不知道自己能够有多接近心中的英雄主义，但是这既不是电影，也不是漫画，而是由自己书写的一段真实的篇章。这样想来，我感到从自己的内心深处涌起了一股勇气、一股力量。

此外，不论怎么说，我还吃下过一颗"安心丸"，虽然只是无稽之谈罢了。为了撰写这本书，我翻阅了往昔的资料，在其中找到了一本笔记本。在它的最后一页这样写道：

"39 岁零 8 个月到 41 岁不太好过，但只要过了这个阶段，将迎来 30 年的安泰生活。"

这是在大约 10 年前，我的父母请人帮忙看了我的生辰八字后，我原模原样记下的内容。平时对占卜云云，我也并没有什么兴趣，但总听父母唠唠叨叨，便把它写了下来，以防万一。其实自己早就把这一出忘得干干净净了，但 2016 年 7 月能够没有什么大过、迎来 42 岁的生日，还是要感谢不论到多少岁始终爱儿心切的父母吧。

撤回五十岁引退宣言

再过 30 年，如果是到 72 岁，那么我还有的是时间。实际上，正如在上一章中谈到的那样，就到不久之前，我还决定并且公开宣称自己从事中川政七商店的经营工作，只到 50 岁。这是因为，我一度认为，要像现在这样一年 365 天、一天 24 小时，满脑子想的全是工艺的事，全力地冲刺下去，就必须要给自己划定某个时间期限才行。

虽然我没有自信能够坚持冲刺一辈子，但要是把这个期限定在 50 岁的话，总有办法能够坚持走下去。因此，说实在的，就是到 55 岁，或是到 60 岁也没有关系，只是我决定要在 50 岁这一个合适的时间节点上引退而已。

然而，因为某位前辈经营者对我说的一句话，我决定撤回这一宣言。让我改变主意的，是雪诺必克（Snow Peak）的社长山井太先生。他一手开拓出了日本前所未有的汽车露营市场，赢得了日本国内外粉丝的支持，树立起了独一无二的户外品牌。仅仅在从 2012 年 12 月期起到 2016 年的三年时间里，其营业额就翻了一番以上。

雪诺必克公司利用当地的卓越技术，在产地进行生产，从这一点来看，同中川政七商店有着共通之处。我们因为合作开发了一款在室外也能沏茶品味的露天茶筵套装商品而结缘。在位于雪诺必克公司所在的新潟三条，举办"大日本市"博览会时，我也邀请他参加了脱口秀。

那一天晚上，我们一边用餐，山井社长一边对我说："100年后，打造一个工艺大国，这是你树立的目标。但是，你觉得能够撑到那个时候吗？我看成败，也就看这不超过 20 年时间吧？"

如果要在 20 年时间里，让日本的工艺市场发展到 7 000 亿日元的规模，由中川政七来肩负其中的一成，也就是 700 亿日元，那么，我们现在的目标——在未来 10 年时间里，将营业额提升至 100 亿日元——还完全不够。

想要高举起打造一个工艺大国这面旗帜，就需要想出更多有效的对策。在经营中冒一些风险，也是必要的吧？我想这才是山井社长想要问我的内容。如同之前所说的，我并没有想要一味扩大销售额和利润，而是认为存在着一个合理的标准。然而，另一方面，山井社长指出的问题又着实扎在了我的心上。

要是在 50 岁引退的话，所剩的时间也只有 8 年。我怎么也不认为，在这为数不多的时间里，工艺大国的计划能够发展出眉目来。尽管从外界看来，我们似乎是非常淡定的，但我们实则始终本着一颗直面传统工艺发展所面临的艰难课题的心，是一路奋战、呕心沥血至今的。尽管如此，显然，我们需要定下更高的觉悟，为了实现我们的愿景，全力以赴地奔跑下去。

由此，我决定延后自己的引退计划。

承袭"第十三代中川政七"名号

2016 年 11 月,在参天的春日杉①脚下,在一个的澄澈的秋日里,我、中川淳,承袭了"第十三代中川政七"的名号。这一名号,此前,由我祖父承袭了第十一代巌吉、父亲承袭了第十二代巌雄,而此次是自第十代起,时隔六十年承袭名号。

我请片山正通先生——世界各地的著名公司都曾向他发去设计店铺的邀约,以及我的事业合作伙伴兼盟友水野学先生担任我的监护人,我们于奈良公园的一角,同春日大社②相邻的能乐③大堂举行了承袭仪式。

平常,在许多人面前演讲,或是出演电视节目时,我也从来不会这般紧张,但这一天却截然不同。我身着穿得不太习惯的和服裤裙④,登上本舞台(会场中心的突出位置),鞠着躬,恭听片山先生以及水野先生令我不胜感激和深深感动的开场致辞。总算抬起头来时,我发现自己的喉咙都干了。

从父亲那一代起交好的客户、在我摸爬滚打着扩大事业规模时有幸结缘的各位,以及目睹了中川政七商店不论是在风调雨顺时,还是在历经风霜时点点滴滴的奈良的朋友们……为了

---

① 春日杉:因生长在奈良春日大社周边的春日山中而得名,为杉木中的珍贵品种。
② 春日大社:位于奈良县春日野町的神社。
③ 能乐:日本古典艺术之一,为面具戏剧,主要以歌、舞来表现幽深之美。
④ 和服裤裙:套在和服外边,从腰部遮到脚踝的宽松衣服,穿着时系住缝在上(腰)部的带子,一般是像裤子那样两腿部分分开,但也有裙式的。

亲眼见证第十三代政七的承袭仪式而专门跑到这里的人们，像是在拷问我的觉悟究竟有多高一般，等待着我的发言。那些笔直的视线落在我的身上，不可思议的是，我自己也发现我的心沉静了下来。

　　"在创立中川政七 300 年之际，请允许我来承袭由祖祖辈辈们守护、培育至今的'中川政七'这一名号，于我而言，这是无上的喜悦。我立志不愧对政七的名号，努力振兴日本的工艺，还要以复兴奈良晒为目标，今后也一定会尽心竭力地走下去。希望各位多多赐教、多加鞭策，未来也请大家多多指教。"

　　顺利发言完毕后，我的心中再一次感到自己所肩负的责任之重大，以及能够挑起这份重担的喜悦之情。

　　在同一天，在位于奈良公园中央的浮云园地，还举办了奈良博览会，作为在全国五座城市巡展的"大日本市"博览会的最后一站。以若草山①为背景，鹿儿们在悠悠闲闲地吃着草，广场上可见临时特别搭建的帐篷，那里陈列着一件件产自县内的工艺品和食品等奈良的名产。正巧，在距离会场不远处的奈良国立博物馆，也正在举办每年例行的正仓院展，奈良平安时代②同现代的宝物，都齐聚在这仅仅几百米的范围之内。

---

① 若草山：位于奈良县的东部、春日山西北方向的丘陵，高约 342 米。

② 平安时代：以平安京（现京都）为都城的历史时代，始于 794 年（延历十三年）桓武天皇迁都平安京，终于 1192 年由源赖朝正式成立镰仓幕府。

实际上，明治时代就曾举办过奈良博览会。以东大寺①的回廊作为会场，正仓院的宝物被首次向民众公开展示，据说还展出了当时奈良的名产。于明治八年（1875 年）举办的首次展览，创下了 17 万人蜂拥而至的历史记录，结合当时的交通情况，实在令人震惊。此后，到明治二十七年（1894 年），总计举办了 18 届。

在名产的出展方中，还能看到中川政七商店的名字。具体信息不详，但应该是在第九代政七的时代，展出的麻织品的绸缎。我们在策划"大日本市"博览会时，还不知道明治时代就举办过奈良博览会。时隔 140 年，能够同正仓院展同期举办奈良博览会，这让我顾自地感到了冥冥之中命运般的安排。

没有任何人命令我们这样做，但我们自发地高举起了"振兴传统工艺"的这面旗帜，只要是对此有益的事情，我们每碰到一件，便会不断地发起挑战。这些过去的岁月，以及未来在等待着我们的艰险的道路，在我看来，全部融汇于一体，构成了无可替代的宝贵财富。

人们常说，经营者是孤独的，我也觉得的确如此。但是，虽然挥动大旗的人是我，但是我的身后还聚集着对我们浓墨重彩书写的大义表示赞同而尽全力支持我们的、像片山先生以及水野先生这样的人士，以及包括"大日本市"成员在内同我们

① 东大寺：于 728 年，由信奉佛教的圣武天皇建立。该寺建于首都平城京以东，故被称作东大寺，是日本华严宗大本山，又称为大华严寺、金光明四天王护国寺等。

有着同一志向的工艺厂商，在这一时刻依然专心致志地坚守在各自岗位的员工们。我绝对不是一个人。让我再一次意识到这一点，是因为看到了那些为了见证承袭仪式，专程远道来到奈良的众多朋友。

说一句大家常说的话——有大家的支持，才有我们的今天。这一年，给我带来了不同于往昔任何一年的深刻感触。我发自内心地感谢我们在300年漫长的历史长河中能够经营至今的这一奇迹，以及同当地奈良的幸福的邂逅。

虽说如此，倘若一直沉迷于过去，那么今后，脑子将会变得迟钝，步伐也会变得迟缓。新的时代已经到来，我们决定从今往后，要将300年厚重的积淀彻底抛到脑后，并且不要被任何事情困住脚步，自由地向下一个100年扬帆起航！